# 생존 사회

# 생존 사회

주형일

# 차례

사람은 살수록 새로운 것을 경험한다. 우리는 이미 모든 것을 다 겪어봤다고, 앞으로 닥칠 일들은 이제 뻔하다고 생각하지만, 살아갈수록 미처 상상하지 못했던 것들을 느끼고 알게 된다. 막연하게 머리로만 추측했던 것들이 구체적인 감정과 체험으로 다가오면 그것들은 우리가 감당하기 힘든 엄청난 힘을 갖고 우리를 압도한다.

나는 초등학교 4학년 때 이미 다 컸다고 생각했다. 세상일을 다 안다고 느낀 것이다. 어린 것이 어른같이 말한다는 이야기를 들으며 나는 이미 어른이라고 생각했다. 나이가 들면서 주기적으로 과거의 나를 되돌아볼 때마다 이미 어른이라고 생각하던 그때의 내가 얼마나 철모르는 아이였는지를 깨닫게 되었다. 그렇지만 항상 현재 시점의 나는 모든 것을 다 아는 것처럼 느껴졌다.

30대 중반을 넘긴 나이에 결혼한 나는 비교적 짧은 기간에 두 아이의 출산, 양육이라는 매우 중요한 경험을 했다. 특히 두 아이를 낳고 기른 것은 그동안 살면서 겪은 그 어떤 것과도 비교할 수 없는 매우 강렬한 경험이었다. 이 세상에는 아이를 낳아 길러본 사람과 그렇지 않은 사람, 두 부류의 사람들만이 있다고 말하고 다닐 정도로 그 체험은 내 생각에 큰 영향을 줬다. 그리고 그 영향에서 벗어나기도 전에 마흔이라는 매우 상징적인 나이에 도달하게 되었다.

젊었을 적, 나보다 앞선 연배의 사람들을 만나 보면 많은 이가 마흔이라는 나이를 처음 맞이할 때 정신적으로 매우 힘들었다고 말했다. 당시 나는 늙는 것이 서러울 테니 그럴 수도 있으리라 생각은 했지만, 구체적인 감정은 전혀 이해할 수 없었다. 아니, 별로 알고 싶지도 않았다. 내게는 먼 일이라 생각했으니까. 그런데 내가 마흔을 얼마 앞두지 않았을 때 그 감정이 갑자기 나를 덮쳤다.

일반적으로 설명하자면 그것은 한 시대가 갔다는 느낌이다. 한 시대가 갔다…. 그리고 그것은 다시는 돌아오지 않는다. 이것은 단순한 상실감이 아니다. 존재의 공허함에 대한 본능적인 거대한 두려움이다. 마흔을 앞두고 나는 생전 처음으로 멈춰 서서 나를 바라보기 시작했다. 그리고 내가 돌아온 길을 진지하게 되돌아보기 시작했다. 미래에 대한 설렘으로 한 발을 앞으로 내딛으며 흘깃 바라보는 것이 아니라 완전히 멈춰 선 채 뒤돌아서서 부동자세로 뚫어지게 과거를 바라보기 시작한 것이다.

그러자 거기에는 엄마 앞에서 벌거벗은 채 춤추던 내가 있었다. 아빠 다리에 매달리던 내가 있었다. 내일 볼 시험을 걱정하던 내가 있었다. 여자 친구와의 데이트에 가슴 설레던 내가 있었다. 모두 그때의 희로애락에 충실하던 나였다. 그들에게 미래는 불확실한 미지의 세계로 막연하게 남겨져 있었다.

마흔의 나에게 미래는 더는 불확실한 미지의 세계가 아니다. 그것은 죽음이라는 확실한 종말을 가진 세계다. 멈춰 서서 뒤를 돌아보고 있는 나는 내 뒤로 아주 어두운 죽음의 그림자가 드리워져 있다는 것을 안다. 그 그림자는 칠흑보다 더 어두워 그 앞에서는 눈의 초점을 맞출 수조차 없다. 아무리 몸부림쳐도 그 어둠에서 벗어날 수 없다는 것이 공포의 근원이다.

죽음을 진지하게 생각하게 되었다는 것. 그것은 마흔이 내게 준 힘든 정신적 시련이었다. 하지만 새로운 삶의 길을 발견하게 만드는 기회이기도 했다. 옛날 말에 마흔은 불혹이라 했지만, 마흔처럼 미혹이 많은 나이도 없을 것이다. 지나온 과거에 대한 회한과 앞으로 다가올 미래에 대한 의혹이 끊이질 않기 때문이다.

나는 마흔이 되어 비로소 방 안에 앉아서 쉬어 볼 엄두가 생겼다. 차분히 앉아 나는 오로지 현재만을 직시해 보려 했다. 내 존재의 근원을 바라보려 한 것이다. 그것은 매우 불편한 일이었다. 하지만 나는 이 불편함을 극복하게 될 때 삶의 길이 보이리라 생각했다.

모든 것은 태어나면서부터 죽음을 향한 길을 간다. 죽음을 향해 갈 수밖에 없는 모든 생명체는 그 업보를 본능적으로 자식에게 물려준다. 내가 첫째 아이를 봤을 때 느꼈던 미안함은 나 역시 그 본능을 피하지 못했다는 자각에서 온 것이었다.

첫째 아이는 2003년 12월 22일 태어났다. 자정 무렵 분만실에 들어간 아내는 진통으로 밤을 꼬박 세고 오전 10시가 훨씬 넘어서야 아이를 낳았다. 가족분만실을 선택했기 때문에 나는 아내의 진통을 지켜보며 졸다 깨다를 반복하다 결국 분만을 지켜보게 되었다. 아내의 몸을 잡고 같이 힘을 주며 소리 지르기를 얼마나 했을까. 머리가 보이는가 싶더니 아이가 쑤욱 하니 미끄러져 나왔다. 의사가 시키는 대로 정신없이 탯줄을 자르고 나니 마침내 엄마와 떨어져 별개의 개체가 된 아이가 엄마 품에 안겨 울고 있는 것이 보였다. 밤새 고생한 아내와 아이를 바라보니 코가 찡해졌다. 뭐라 형언할 수 없는 느낌 속에서 짝짝짝 박수를 쳤다. 간호사가 분만실에서 박수를 치는 사람은 처음 본다며 웃었다.

아이를 낳아 기르는 일은 삶의 그 어떤 경험과도 비교하기 힘들다. 일상생활의 천국과 지옥을 동시에 제공하기 때문이다. 막 태어난 아이를 집에 데려와 기르면서 처음에는 밤에 잠을 자다가 몇 번이고 일어나야 했다. 아이가 젖을 달라고 두세 시간 간격으로 울어대기 때문이기도 하지만, 아이가 너무 조용하면 혹시 숨이 멈췄나 해서 일어나 몇 번이고 숨 쉬는 소리를 확인했다. 잠을 제대로 잘 수 없는 것은 아이가 선사하는 첫 번째 지옥이다. 더구나 까다로운 아이여서 낮이나 밤이나 계속 울며 보채기라도 해보라. 일상생활은 생지옥이 된다. 한순간 아이를 창밖으로 집어 던지고 싶은 충동이 일어날 정도로 끔찍한 정신적, 육체적 고통을 느낀다. 둘째가 그런 아이였다.

하지만 방긋 웃는 아이를 바라볼 때, 아이를 안고 아이 특유의 향내를 맡으며 부드러운 아이 머릿결을 볼로 느낄 때 세상은 천국이 된다. 아이 때문에 겪어야 했던 그 지옥의 고통스러운 기억은 어느덧 사라져버리고 행복의 느낌이 온몸을 감싼다. 아무런 대가도 바라지 않는, 어떤 이해관계도 개입하지 않는 무조건적 사랑이 아이와 나를 잇는다. 그저 태어나줘서, 내 곁에 있어 줘서 고맙다는 생각이 든다. 아이가 사랑스러운 것은 아이가 예쁘게 생겨서도 아니고 똑똑해서도 아니다. 그저 아이기 때문에 사랑스러운 것이다.

아이는 인간의 가장 소중하고 원초적인 감정을 느끼게 해주는 뭔가를 갖고 있다. 비록 나중에 아이가 커서 문제를 일으키고 속을 썩이게 되더라도 생후 2, 3년 동안 아이가 부모에게 경험하게 해준 모든 것만으로도 부모는 평생 아이에게 고마움을 느낄 만하다. 그동안 아이는 부모에게 큰 행복감과 생생한 삶의 느낌을 전해주기 때문이다.

아빠로서 나는 아이에게 고마움과 동시에 미안한 마음을 갖고 있다. 아이를 세상에 내놓음으로써 존재의 유한함이 갖는 근원적 문제를 아이에게 안겨줬기 때문이다. 아이가 태어나지 않았다면 존재하지 않을 그런 문제를 말이다. 아이는 아무 선택권도 없이 그저 태어났을 뿐이다. 나는 선택할 수 있었다. 나는 내 행복을 위해 아이를 낳는 것을 선택했다. 하지만 그 결과로 아이는 유한한 존재로서 갖는 본질적 문제와 평생 씨름해야 할 것이다. 혹은 본질적 문제를 회피하며 오로지 생존하기 위해 시간과 싸우며 일생을 보낼 수도 있다. 나는 그것이 아이에게 너무 미안하다. 아이는 나에게 무한한 행복을 줬지만, 나는 아이에게 단지 행복과 불행 사이에서, 삶과 생존 사이에서 선택할 기회만을 줬기 때문이다.

아이처럼 나 역시 아무 이유 없이 세상에 던져진 채 수많은 선택을 해왔다. 이 책은 그 과정에서 갖게 된 삶에 대한 내 생각을 정리한 것이다. 아마도 앞으로 많은 선택의 기로에 서서 비슷한 고민을 하게 될 내 아이들에게 이 책을 바친다.

첫 번째 이야기:
삶과 죽음

–

## 시간에 대해

요즘은 시간이 왜 이리 빨리 가는지 모르겠다. 아침에 일어나 출근했다 싶으면 어느새 점심시간이고 식사 후에 잠깐 덤벙대다 보면 어느덧 저녁을 먹을 때가 돌아온다. 하루가 이렇게 흐르니 일주일, 한 달, 일 년이 그야말로 눈 깜빡할 틈에 지나가 버리는 느낌이다. 같은 하루, 같은 일주일이 어렸을 때는 그렇게도 길게 느껴졌는데 말이다. 나이가 들수록 시간이 빠르게 간다고 하는 어릴 적 어른들의 이야기를 비로소 실감하고 있다. 시간이 너무나 빨리, 그리고 덧없이 흐른다고 느낄수록 도대체 시간이란 무엇일까?라는 의문이 든다.

우리가 시간을 느끼는 것은 우리의 의식과 주위 환경의 변화를 통해서다. 현상의 변화를 통해 시간을 인지하는 것이지 시간 자체를 접하는 것은 아닌 셈이다. 따라서 시간이 무엇인지를 알려는 노력은 곧 큰 어려움에 봉착한다. 시간은 우리가 가시적으로 확인할 수 있는 물질이 아니다. 또 시간은 무한하고 보편적으로 어디에나 존재하기 때문에 경계나 윤곽을 가늠할 수가 없다. 시계처럼 시간을 측정하는 도구조차도 결국은 공간을 측정함으로써 우회적으로 시간을 표시하는 것이기에 그런 도구를 통해 시간에 접근하기도 어렵다. 게다가 시간은 끊임없이 흘러간다. 한번 흘러간 시간은 결코 돌이킬 수 없다. 아직 오지 않은 시간은 알 수 없다. 결국 시간은 오직 우리가 인식하는 그 순간에만 존재한다.

사실 시간은 공간과 함께 우리의 존재 자체를 가능하게 하는 조건이다. 내가 존재하는 순간부터 내 몸이 일정한 공간을 차지하는 것처럼 생각하는 행위 자체가 시간 속에서 행해진다. 프랑스 철학자 메를로 퐁티의 말처럼 "공간이 내 몸을 통해 인지된다"면 시간은 내 의식이 존재한다는 사실에 의해 파악된다.[1] 내 의식이 시간 속에서, 시간에 의해서만 존재하기 때문에 내가 시간에 대해 생각하는 것 자체가 시간의 발현이다. 그래서 로마의 철학자 성 아우구스티누스는 시간이 무엇이냐는 질문에 이렇게 답한다. "시간이 무엇인가? 아무도 나에게 그것을 물어보지 않는다면 나는 그것을 안다. 그러나 만약 누군가 그것을 나에게 물어본다면, 그리고 내가 그 질문에 대답하려 한다면, 나는 더는 그것을 알지 못한다."[2]

칸트는 시간은 외부 세계에 별도로 존재하는 현상, 즉 우리가 지각할 수 있는 대상이 아니라 우리의 지각이나 의식 자체를, 결국은 존재 자체를 가능하게 하는 내적 조건이라고 했

1   메를로 퐁티, 『지각의 현상학』, 류의근 옮김, 문학과 지성사, 2002.
2   아우구스티누스, 『고백록』, 김평옥 옮김, 종합출판 범우, 2008.

다.[3] 시간은 우리 자신에 대한, 우리의 내적 상태에 대한 직관, 즉 '감성의 선험적 순수직관'이다. 시간은 우리의 존재로부터 도출되는 개념이 아니라 우리의 존재를 가능하게 만드는 것이며 존재에 선행하는 것이라는 말이다. 존재한다는 말은 시간 속에 있다는 뜻이다. 시간을 벗어나면 존재도 없다.

우리의 존재 조건이 되는 시간은 두 가지 중요한 속성을 갖는다.

첫째, 시간은 움직임과 변화를 통해 나타난다. 시간은 연속적으로 움직이는 흐름이다. 연속된 움직임이나 변화의 모습을 보이지 않는 것은 시간을 초월한 것이며 따라서 시간과는 무관한 것이다.

둘째, 시간은 되돌릴 수 없다. 시간의 흐름 속에서 한번 지나간 것은 절대 돌아오지 않는다. 한번 체험된 것은 다시는 동일한 방식으로 체험되지 않는다. 시간의 불가역성은 아쉬움이나 후회와 같은 감정뿐 아니라 타임머신과 같은 환상적 욕망을 만들어내는 원인이 된다.

이 두 속성의 결과로 모든 만물에, 특히 인간에게 결정적인 영향을 미치는 사건이 등장한다. 바로 죽음이다. 시간을 존재의 내적 조건으로 갖는 인간의 삶이란 피할 수 없는 죽음을 종착역으로 두고 쉼 없이 변화하는 과정이다. 산다는 것은 어떤 의미에서는 매 순간 죽음에 맞서 싸우면서 자신을 보존하는 일이라 할 수 있다. 변화를 거듭하다 결국은 죽을 수밖에 없는

3  칸트, 『순수이성비판 1&2』, 백종현 옮김, 아카넷, 2006.

유한한 육체, 그리고 육체의 유한함을 인식하면서 상상을 통해 무한함을 꿈꾸는 의식 사이의 엇박자는 죽음의 필연성을 더욱 도드라지게 만든다.

죽음을 무서워하든지, 거부하든지, 받아들이든지에 상관없이 죽음의 필연성을 명확히 인식하고 있는 인간은 유한함을 부정하면서 무한함을 찾는다. 불사의 꿈. 죽지 않고 영원히 사는 것. 인간은 적어도 세 가지 방법을 통해 이 꿈을 실현하고자 한다.

하나는 역사적 기억을 통해서다. 거대한 건축물, 기념비, 기록물 등을 제작해 남김으로써 개인뿐 아니라 한 사회, 한 문명에 대한 기억을 영원히 전하고자 한다. 이것은 자신의 존재가 죽음에 의해 사라지고 잊히는 것을 막고자 하는 노력이다.

다음은 종교에 의존하는 방법이 있다. 많은 사람이 초월적 존재를 믿으며 죽음 이후의 다른 삶을 상상함으로써 현생보다는 더 올바르고 평화롭고 나은 삶을 기대한다. 죽음을 단순한 소멸로 보지 않고 죽음에 의미를 부여함으로써 죽음 자체를 극복하려는 노력인 셈이다. 신앙은 죽음에 의미를 부여하는 확고한 방식이다.

마지막은 철학적 사색을 통해 영원한 진리를 구하는 방법이다. 진리는 수없이 변하는 현상들을 관통하는 원리로서 정의상 변하지 않는 것이다. 진리는 영원하며 시간을 초월한다. 따라서 진리를 추구하는 것은 영원에 다가서는 길이다. 진리를 발견하고 소유하는 것은 영원한 즐거움을 얻는 길이라고 할 수 있다. 진리를 발견함으로써 얻게 되는 지혜는 죽음을 포함한 모든 고통으로부터 인간을 해방할 수 있다.

이 세 방법은 힘없고 의심 많고 치밀하게 사고하지 않는 우리 같은 보통 사람이 택하기는 힘든 것들이다. 평범한 우리는 어떻게 시간 속에서 죽음을 극복하는가? 우리는 죽음을 극복하지 못한다. 단지 그것을 잊어버리려 할 뿐이다. 그래서 선택하는 것이 오락이다.

프랑스 철학자 파스칼에 따르면 우리는 끊임없는 소란과 흥분을 통해 우리의 존재 조건을 잊어버리려 한다. 이런 현실 도피 행위를 파스칼은 오락이라고 한다.[4] 일반적인 생각과는 달리 오락은 현재를 즐기는 행위가 아니다. 오락은 우리가 현재에서 벗어나 항상 미래의 상태에서 살도록 함으로써 현재 문제를 잊도록 만든다. 오락을 통해 현재는 미래를 향한 움직임 속에서 실종되고 시간과 죽음에 대한 우리의 의식도 사라진다. 오락의 문제는 그것이 현재를 충실히 즐기도록 만들기는 커녕 미래를 향해 끝없이 움직이도록 우리를 강제하면서 결국은 실현되지 않는 미래와 풀리지 않는 현재 속에서 우리에게 허무와 절망만을 안겨준다는 데 있다.

불사를 꿈꾸든, 오락에 탐닉하든 시간에 대한 우리의 태도가 가진 근본 문제는 우리가 시간을 싸워 이겨야 할 적으로 간주한다는 사실에서 발생한다. 시간과 싸운다는 것은 노화와

4   파스칼, 『팡세』, 안응렬 옮김, 동서문화동판주식회사, 2007.

싸우는 것이고 결국 죽음과 싸우는 것이다. 그런데 내 의식, 내 정체성이란 것이 시간 속에서 시간에 의해 형성되고 변한다는 것을 생각해보면 시간과 싸운다는 것은 결국 자신과 싸우는 일이 되지 않을까? 현재 자기 모습을 받아들이지 않고 과거 모습에 집착하거나 미래의 가상적 상태에 의지하려는 것은 현재의 자신에게 더 큰 상실감과 상처를 주는 일일 것이다.

그런 점에서 "인간의 모든 불행은 단 한 가지 점에서 기인한다. 그것은 바로 방 안에서 편히 쉴 줄을 모른다는 것이다."라는 파스칼의 말은 일리가 있다. 방 안에서 쉰다는 것은 현재의 자신을 충실히 느끼고 직시한다는 것이다. 그것은 크로노스Kronos로서의 시간에서 벗어나 카이로스Kairos로서의 시간을 갖는 것이다.

고대 그리스 사람들은 시간을 크로노스와 카이로스로 구분했다. 크로노스라는 것이 우리의 의지와는 관계없이 흘러가는 객관적 시간이라면, 카이로스는 우리가 느끼는 시간이다. 카이로스는 우리가 어떤 것에 몰두하면서 시간 자체를 잊어버리는 시간이다. 따라서 시간이 존재하지 않는 시간이라고 할 수 있다. 시간에 쫓기지 않는 상태, 시간의 요구에 굴복하지 않는 상태가 바로 카이로스로서의 시간을 경험하는 것이다.

그런데 현재를 충실히 느끼면서 카이로스의 시간을 갖는 것은 어떤 의미에서는 고통스러울 수 있다. 카이로스는 자신에 대한 성찰을 요구하는 시간이다. 크로노스에 의해 지배 당하거나 쫓기지 않게 되면 결국 자기 자신 안으로 조용히 들어가 생각하는 것이 가능해진다. 하지만 사람들은 과거나 미래에 집착하면서 현재의 카이로스에 들기를 거부한다. 자신에 대해 스스로 생각하는 일이 줄 수 있는 고통이 두렵기 때문이다.

시간과 맞서 싸우는 일은 오히려 쉽고 편할 수 있다. 시간과 싸우는 것은 자신을 잊는 일이기 때문이다. 그것은 끊임없이 현재의 자신으로부터 도망치는 것을 허용한다. 시간이 우리에게 제공하는 문제를 좀 더 용기 있게 수용하고 해결하고자 한다면 시간과 맞서 싸우기보다는 시간과 조화를 이뤄 삶을 풍요롭게 할 수 있는 방법에 대해 고민해야 한다. 어떻게 현재를 충만하게 살 수 있는가?

–

## 죽음에 대해


 30대 초반 한창 팔팔하던 때 나는 다섯 살 먹은 조카에게 가끔 "넌 요즘 무슨 생각을 하고 사니?"라고 물었다. 다섯 살 아이에게는 대답하기 벅차 보이는 이 질문에 조카는 놀랍게도 꼬박꼬박 답변했다. 녀석은 주로 이런 대답을 했다. "나는 죽는 게 무섭다는 생각을 해." 당시 나는 이 답변에 그리 큰 주의를 기울이지 않았다.

 죽음에 대한 생각은 전혀 예상치 못한 순간에 아주 갑작스럽게 떠올랐다. 그리고 한동안 내 머릿속을 떠나지 않았다. 나는 종종 극심한 공포에 사로잡혀 소리를 지르기도 했다. 첫째 아이가 돌을 넘기고 생활이 안정을 찾아가던 어느 날 나는 인터넷으로 주문한 일본 애니메이션 시리즈물을 새벽 두 시가 넘어서까지 보고 있었다. 천신들이 지상에서 요괴들과 맞서 싸운다는 내용의 흔한 일본 애니메이션으로 청소년을 위한 것이라 누구나 시청 가능한 것이었다. 영화를 다 보고 화장실에 가 양치하다가 나는 갑자기 내 생명이 유한하다는 것을 뼈저리게 느꼈다. 아무 동기도, 이유도 없이 그 생각은 그렇게 나를 엄습하기 시작했다.

내가 죽게 되면 내가 경험했고 경험하는 이 모든 것이 완전히 소멸할 것이라는 생각이 나를 압도했다. 죽음은 나라는 존재를 무無의 상태로 만든다. 나는 아무것도 만지고 느끼고 생각하고 경험할 수 없게 된다. 이 세상은 물론이거니와 내 존재를 의식조차 할 수 없다는 완전한 무에 대한 두려움에 내 몸은 얼어붙었다. 게다가 죽음의 시간은 언젠가 반드시 나를 찾아온다는 사실은 내가 현재 존재하고 있다는 느낌을 어색하게 만들 정도였다.

종교가 존재하는 이유가 적어도 내게는 명료해졌다. 다섯 살짜리조차 느끼는 죽음의 두려움을 극복할 수 있도록 종교가 제시하는 길은 두 가지다. 하나는 죽음이 의미하는 무無를 유有로 바꿔줄 완전무결한 존재인 신에게 귀의하는 길이다. 내 유한함을 무한한 신을 통해 극복하는 것이다. 다른 하나는 스스로 두려움을 극복하는 길이다. 내 외부가 아닌 내 안에서 죽음을 극복할 방법을 찾는 것이다. 깨달음, 득도, 성불이 바로 그것이다.

첫 번째는 나를 버리고 신 안에서 새로운 나를 찾는 것이기에 두 번째 길보다는 상대적으로 쉬운 길이다. 죽음 앞에서 고통 받고 방황하는 몫을 신에게 전가하고 나는 신 안에서 그의 부름에 복종하기만 하면 되기 때문이다. 두 번째 길은 너무나 힘들고 끝이 보이지 않는 길이다. 삶과 죽음에 관련된 모든 고통을 온전히 내 안에서 삭혀내야만 하기 때문이다. 그 지난한 길을 지나 마침내 죽음의 공포에서 벗어날 때 나는 득도를 하게 되며 해탈의 경지에 이른다.

어느 길을 택할 것인가? 나를 버리고 신에게 모든 것을 맡기기에는 너무 자의식이 강한 사람들이 있다. 또 해탈의 길을 택하기에는 버릴 수 없는 욕망이 너무나 큰 사람들이 있다. 종교가 제시하는 이 두 가지 길은 모두 논리적 사고를 통해 가는 이성의 길이 아니라 감성과 직관에 의존하며 찾아가는 길이다. 감성에 휘둘리기 싫거나 직관에 회의적인 사람들은 어떻게 할 것인가? 오락에 빠짐으로써 현재의 실존적 문제에 직면하는 것을 끝없이 미루면서 당장의 고통에서 벗어날 수는 있다. 하지만 그것은 일을 위해, 유희를 위해 자신을 도구화하고 사물화하는 것일 뿐이다.

나는 아무 이유 없이 세상에 던져진 채 시간 속에서 변화한다. 이유 없는 시작과 피할 수 없는 끝을 가진 나라는 존재가 제공하는 삶을 가장 잘 누리는 방법은 무엇일까? 그것은 바로 현재를 충만하게 만드는 것이다. 하지만 현재를 충만하게 만든다는 것이 현재의 순간만을 즐긴다는 의미는 아니다. 오히려 현재의 순간에만 몰두한다는 것은 현재를 과거와 미래로부터 단절시키는 결과를 가져온다. 이것은 삶을 총체적으로 이해하거나 향유하는 일을 불가능하게 만든다. 오락과 동일한 결과를 가져오는 것이다. 따라서 현재를 충만하게 만드는 것은 과거와 미래를 현재 속에서 아우르는 작업이어야 한다.

프랑스 철학자 베르그손이 지속[durée]이라고 부른 현재는 즉각적 과거에 대한 지각이자 동시에 즉각적 미래에 대한 결정이다.[5] 지속이란 인간이 자신의 존재에 대한 의식을 갖는 시간이라는 점에서 삶의 풍부함이 축적되는 질적인 시간이다. 지속 속에서 형성되는 인간의 자의식은 지각된 과거를 바탕으로 다가오는 미래를 향해 열려 있다. 이것은 곧 삶을 역동적으로 만드는 근간이 된다. 우리가 현재를 충만하게 만든다는 것은 삶의 총체성이란 관점에서 과거와 미래를 아우르며 자기를 성찰한다는 것을 의미한다. 이것은 삶을 이해하는 작업이며 또한 동시에 죽음을 이해하는 일이다.

죽음을 생각하면서 나는 역설적으로 삶을 생각하게 되었다. 죽음이라는 미래의 사건에 대해 두려움을 느끼던 내가 현재의 충만한 삶이 주는 기쁨을 생각하게 된 것이다. 하지만 이것이 나를 완전한 깨달음의 세계로 인도해주지는 않았다. 단지 삶의 새로운 가능성을 발견하도록 해주었을 뿐이다.

---

5  베르그손, 『물질과 기억』, 박종원 옮김, 아카넷, 2005.

-

## 산은 산이다

깨달음을 얻는다는 말이 포함하는 의미는 얼마나 많은가? 한국에서 태어나고 자란 우리는 이 말이 갖는 수많은 의미를 온몸으로 알고 있다. 어려서부터 보고 들어온 많은 이야기와 소설, 영화, TV 프로그램 중의 상당수가 깨달은 사람들에 대한 것이었다. 그래서 아마도 깨달음을 얻는다는 말이 무슨 뜻인지를 모르는 사람은 없을 것이다. 하지만 그 뜻을 정확히 아는 사람도 아마 별로 없을 것이다.

지난 수 세기 동안 많은 사람이 자신의 몸과 정신을 학대하며 얻으려 해왔던 깨달음은 무엇인가? 그것은 어떤 지식을 얻는다는 의미는 아닐 것이다. 만약 그런 의미라면 깨달음을 얻은 사람이 책이나 강의를 통해 지식을 전달할 수 있을 테고 후대 사람들은 그렇게 자신을 혹사하지 않고도 손쉽게 깨달음을 얻을 수 있을 것이기 때문이다. 깨달음이라는 제목의 교과목도 생기지 않았을까?

깨달음은 목적어를 동반한다. 무엇인가를 깨닫는 것이다. 그것은 무엇인가? 무엇을 깨닫는다는 말인가? 존재의 유한함을 깨닫는 것이다. 존재의 유한함을 모르는 사람은 없다. 누구나 죽음이 피할 수 없는 우리의 종착역이라는 것을 안다. 하지만 존재의 유한함을 안다는 것과 그것을 깨닫는다는 것은 다르다. 존재의 유한함을 아는 것은 공포를 유발하지만, 그것을 깨닫는 것은 평온함을 가져오기 때문이다.

깨달음은 지식이 아니다. 지식은 항상 무지를 동반한다. 무엇인가를 안다는 것은 그것을 모른다는 것을 전제한다. 우리가 안다는 것은 항상 일시적이다. 예전에 사람들은 지구가 평평하다고 알았다. 지금 사람들은 지구가 둥글다는 것을 안다. 미래의 사람들은 무엇을 알 것인가? 지식은 항상 변한다. 따라서 전체적인 관점에서 본다면 지식은 무지다. 그렇기에 지식은 두려움을 동반한다. 우리가 완전히 아는 것은 없다. 우리가 아는 것 안에는 항상 우리가 모르는 것이 포함되어 있다. 우리는 우리가 모르는 것을 두려워한다.

깨달음은 어떤 것에 대한 정보를 얻는 일이 아니다. 그것은 어떤 것을 총체적으로 파악하는 일이다. 어떤 것을 그 자체로 아는 것이다. 정보를 얻는 것이 아니기 때문에 깨달음은 말로 설명되거나 글로 쓰일 수 있는 것이 아니다. 깨달음을 말이나 글로 표현하고자 하면 이해할 수 없는 것이 되거나 너무나 당연한 것이 되고 만다. "산은 산이고 물은 물이다." 이외에 어떤 말을 할 수 있겠는가?

깨달음은 머리가 아니라 가슴으로 느끼는 것이다. 존재의 유한함을 가슴으로 느끼고 받아들이는 것이다. "왜?"라는 물음이 사라지는 곳에 깨달음이 있다. "왜?"라는 질문으로부터 지식은 시작된다. 아이들이 존재를 의식하기 시작하면 그것이 무엇인지를 알고자 한다. 그러면 그들의 입에서는 "왜?"라는 말이 끊이지 않고 쏟아져 나온다. "이게 뭐야?"라는 질문으로 존재를 확인하고 나면 "왜?"라는 질문으로 지식을 추구하는 것이다. 그것이 인간을 사회적 존재로 만드는 첫걸음이다. 깨달음은 정확히 이 단계를 벗어나는 행위다. 그래서 해탈<sup>解脫</sup>인 것이다.

깨달음이 지식이 아닌 이상 깨달음을 얻은 사람이 다른 사람들에게 해줄 말은 없다. 그가 무슨 말을 할 수 있겠는가? 그저 산은 산이고 물은 물일 뿐. 하지만 우리는 그가 무슨 말을 하든 그에게 꼭 묻고자 한다. "왜?"라고. 깨달음을 얻지 못한 우리는 여전히 아이와 같을 뿐이다. 우리는 깨달음을 얻은 사람에게 묻는다. "죽음이 무엇입니까?", "왜 사람은 죽는 것입니까?" 무지에 따른 두려움에 사로잡혀 지식을 추구하는 우리에게 깨달은 사람은 무슨 말을 할 수 있을까? 그와 우리 사이에는 서로 소통할 수 없는 커다란 벽이 놓여 있을 뿐이다. 이것은 깨달음에 이르지 못한 우리가 느끼는 큰 슬픔이다.

-

아쉬울 것 없노라

초등학교 1학년이나 2학년 때쯤이었다. 당시 나는 엄청난 두통에 시달리고 있었다. 한번 두통이 찾아올 때면 두개골을 쪼개서 뇌를 찬물에 씻고 싶다는 생각이 들 정도로 머리가 아팠다. 어느 여름날 오후 나는 인적이 드문 성당 옆 놀이터에서 놀고 있었다. 여느 때와 마찬가지로 머리가 아파오기 시작했다. 한참을 두통에 시달리던 나는 혼자 조용히 성당 안에 들어갔다. 아무도 없는 성당 안은 서늘한 정적만이 감돌고 있었다. 나는 출입문 근처에 있는 성수를 손에 묻히고 그것을 이마에 바르며 간절히 기도했다. 머리가 아픈 것을 낫게 해달라고. 내가 더는 두통에 시달리지 않게 된 것은 그 이후였던 것으로 기억한다. 신의 은총과 관련된 일종의 작은 기적을 경험한 셈이다.

할머니와 어머니가 독실한 천주교 신자인 덕분에 나는 어려서부터 성당이니 미사니 성경이니 하는 것에 아주 익숙했다. 할머니는 내가 잠들기 전에 꼭 주기도문을 암송하셨고 십자가, 예수와 성모마리아상, 묵주 등이 집안 곳곳에 있었다. 간혹 어머니를 따라 미사에 참석하기도 했지만, 나는 신자는 아니었다. 좀 더 커서는 교회에 다니는 친한 친구들 덕분에 예배에 참석해 찬송가를 부르기도 하고 두 달 정도를 사찰의 암자에서 기거하며 스님들과 이야기를 나누기도 했지만, 나는 그 어떤 종교에도 입문할 수 없었다. 나를 버릴 수 없었기 때문이다.

신을 믿는다는 것은 나 자신을 버린다는 것을 의미한다. 나를 버리고 절대적인 존재에 모든 것을 맡긴다는 것은 생각보다 그리 쉬운 일이 아니다. 내가 알지 못하고 알 수도 없는 것을 그냥 무조건 믿는 일이기 때문이다. 자신이 유한하다는 것을 인정할 수 없는 인간은 죽음의 공포에서 벗어나기 위해 무한한 절대자 신에게 의존하려 한다. 신은 인간을 죽음에서 벗어나게 해주는 유일한 존재처럼 등장한다. 신에 대한 내 의존이 효과가 있으려면 신은 반드시 존재해야만 한다. 그리고 신이 반드시 존재할 수 있는 것은 내가 그의 존재를 무조건 믿기 때문이다. 신과 나 사이의 이 순환론적 관계는 사실 이성적으로는 인정하기 힘든 것이다.

신자는 독자적인 생각과 행동과 의사결정의 자유를 포기한 채 신의 의지에 모든 것을 맡긴다. 그것은 양과 양치기의 관계와도 같다. 들판에 홀로 서서 늑대의 먹이가 된다는 것은 너무나 무서운 일이다. 양치기에게 모든 것을 맡긴 채 그저 눈앞에 있는 풀을 뜯어 먹는 것이 훨씬 행복한 일일 것이다. 양치기는 먹이와 안식처가 있는 곳으로 우리를 인도한다. 우리는 그저 양치기를 믿기만 하면 된다. 이보다 더 편하고 행복한 일이 어디 있을까? 신자들이 불신자를 보며 안타까워하는 것도 무리가 아니다.

산타클로스를 믿는 아이에게 크리스마스는 행복한 날이다. 산타클로스를 믿는 척하는 어른들에게도 크리스마스는 즐거운 날이다. 신을 믿는 것이 나를 평안하게 한다면 그것이 무슨 문제가 있겠는가? 신의 이름을 내세운 인간들의 편견이 나를 억압하지만 않는다면 말이다. 신의 의지와 인간의 의지를 구분할 수 없는 상황에서 신을 대리한다는 인간과 제도를 믿는 것은 조작과 조종의 함정에 빠질 위험이 너무나 크다. 하지만 죽음 앞에서 순수하게 신과 만난다면 그보다 더 평온한 일은 없을 것이다. 찬송가 한 구절처럼 신이 내 목자이니 나는 아쉬울 것 없는 셈이다.

–

내일을 기다리는가?

"인간은 끊임없이 새로운 봄, 새로운 여름, 새로운 달, 새로운 해를 갈망한다. 하지만 그는 자신이 그토록 원하는 것이 사실은 자신을 파괴하는 것이라는 사실을 알지 못한다." 레오나르도 다 빈치의 말이다.[6]

우리는 어서 내일이 오길, 어서 새봄이 오길, 어서 새해가 시작되었으면 하고 바란다. 속절없이 흘러가는 세월을 아쉬워하면서도 우리는 어느 틈엔가 내일이 오길, 다음 달이 오길 기다리는 자신의 모습을 발견한다. 하지만 새봄이 빨리 올수록, 새해가 빨리 올수록 우리의 삶은 그만큼 짧아진다. 우리는 자신도 모르게 사실은 죽음이 어서 오길 바라고 있는 셈이다. 다 빈치는 이런 갈망이 사실은 내 본질이 육체에서 벗어나 자신이 나왔던 원래의 고향으로 돌아가려 하기에 생기는 것이라고 생각했다.

내일을 기다리는 것은 희망을 갖고 있다는 뜻이다. 내일이 오지 않길 바라는 오늘처럼 괴롭고 비참한 것은 없다. 내일에 대한 희망이 있을 때 오늘은 살만한 날이고 때로는 가장 행복한

6  다 빈치, 『레오나르도 다 빈치 노트북』, 김인선 외 옮김, 루비박스, 2006.

날이 된다. 그런 내일에 대한 희망이 사실은 바로 죽음을 향한 갈망이 될 수도 있다는 것은 참으로 아이러니하다. 내일이 오길 기대하는 오늘은 행복한 날이지만, 그렇게 기다리는 내일이 빨리 올수록 죽음도 그만큼 성큼 다가오니 말이다.

내일에 대한 희망은 사실은 죽음에 대한 갈망이다. 내일에 대한 희망이 없는 사람들, 내일이 오지 않길 바라는 사람들은 사실 가장 삶에 집착하는 사람들일지 모른다. 내일에 대한 희망이 없다는 것은 삶이 비참하다는 뜻이다. 바꿔 말하면 삶에 집착할수록 삶은 견디기 힘든 것이 된다. 내일을 기대하고 있을 때, 사실상 죽음에 더 가까이 가기를 바라고 있을 때 삶은 가장 빛나고 아름다운 것이 된다.

다 빈치가 생각하듯 죽음은 내가 태어난 고향으로 돌아가는 길일지도 모른다. 나는 죽음을 두려워하고 원하지 않지만, 사실 내 본질은 죽음을 향해 끝없이 달리고 싶어 할지도 모른다. 그리고 그렇게 내 본질이 죽음을 거침없이 갈망할 때 내 삶은 가장 찬란하게 된다. 내 본질의 욕망에 충실할 때 죽음은 삶의 가장 좋은 동반자다. 내 본질의 욕망을 거스르고 내일을 거부한다면 삶이 곧 죽음이 된다. 죽음이 된 삶은 치명적이다. 삶이 빛나는 것은 죽음을 동반자로 인정할 때다. 죽음을 동반자로 인정하길 거부하고 오히려 죽음 자체를 선택할 때 삶은 가장 처참한 것이 된다.

내일에 대한 기대는 결국 오늘을 가장 즐겁게 보내는 바탕이 된다. 내일이 기다려질수록 오늘의 생생함은 더욱 커지고 삶은 더욱 충만해진다. 사실 내일을 기대하는 것은 오늘이 충실하기 때문이다. 오늘이 충실하지 않은데 기대할 수 있는 내일이 있을 리 없다. 오늘이 만족스러울수록 우리는 내일을 기대한다. 우리는 그렇게 삶에서 죽음의 그림자를 내쫓고 죽음을 삶의 즐거운 동반자로 기꺼이 받아들인다.

## 현재를 지향하는 의식

　내가 사는 지금은 너무나 생생하다. 하지만 현재의 생생함을 즐기는 것은 생각보다 쉽지 않은 일이다. 현재의 순간 그 자체에 집중하면서 의식의 지향점을 현재를 향해 두는 경우가 드물기 때문이다. 우리는 살아가는 시간의 대부분을 현재가 아니라 과거에 대한 회상과 집착, 미래에 대한 걱정과 준비에 바치는 경우가 많다. 현재의 시간이 과거와 미래를 위해 소비되는 것이다. 과거의 일을 반성하고 후회하며 그 뒤처리에 매달리거나 과거의 좋았던 일에 만족하며 추억을 되새김질하는 사람들, 미래에 해야 할 일에 대한 걱정과 되었으면 하는 일에 대한 바람으로 현재를 오로지 미래를 위해서만 투자하는 사람들. 우리는 대개 전자나 후자 중 하나에 속하지 않는가?

　인간의 의식은 현재에만 존재하기 때문에 실제로 인간은 오직 현재만을 사는 존재라고 할 수 있다. 현재만을 사는 인간이 그 현재를 과거와 미래를 위해서만 사용한다는 것을 어떻게 받아들여야 할까? 아이들만이 다른 잡념 없이 현재를 즐기는 것처럼 보인다. 하지만 그 아이들은 조만간 숙제 준비, 시험 걱정 등으로 하루를 채우기 시작하고 그들이 걱정하고 준비해야 할 과거와 미래의 일들은 시간이 갈수록 산더미처럼 불어나기만 한다. 과거에 대한 반성과 미래에 대한 준비는 인간 의식이 확장된 결과며 따라서 오직 인간만이 과거와 미래를 위해 현재를 살 수 있다고 말할 수도 있다. 그렇다면 현재만을 즐기는 것은 오히려 인간의 특성을 버린 동물적 태도라고 할 수 있을까?

인간은 늘 현재를 살아간다. 과거와 미래는 사실 존재하지 않는다. 인간에게 구체적으로 존재하는 것은 현재뿐이다. 그런데 현재를 즐기는 것과 현재를 사는 것은 다르다. 현재를 즐긴다는 것은 의식의 지향점이 현재에 있다는 뜻이다. 의식의 지향점이 과거나 미래에 있다면 우리는 단순히 현재를 살아가는 것에 불과하다. 동물은 그의 의식이 현재를 지향하지 않는다는 점에서 현재를 즐긴다고 할 수 없다. 동물은 현재를 살아갈 뿐이다. 인간도 과거에 집착하거나 미래만을 염두에 두는 경우 단지 현재를 살아갈 뿐 현재를 즐긴다고 할 수 없다.

의식이 현재를 지향한다는 것은 무슨 의미인가? 그것은 인간이 자신의 존재를 가능하게 만든 현재의 조건을 직시한다는 뜻이다. 다시 말해 현재 속에서만 구현되는 삶의 본질을 꿰뚫어 보는 것이다. 과거는 사라진 것이며 미래는 아직 오지 않은 것이다. 오직 현재만이 생생함을 갖고 경험된다. 그 생생함을 의식이 포착할 때 삶은 그것의 희로애락을 오롯이 드러낸다. 우리가 현재 삶의 희로애락을 과거나 미래의 문제로 돌리지 않고 현재 우리에게 닥친 것으로 받아들인다면 우리는 인간 존재의 유한함이나 불가피한 죽음의 의미에 대해 차분히 성찰할 수 있게 된다.

　어떻게 하면 돈을 더 많이 벌 수 있을까, 어떻게 하면 더 좋은 성적을 낼 수 있을까, 이런 고민 속에서 끊임없이 미래에 매달려 살게 되면 현재는 단순히 미래를 위해 소모되는 시간으로 치부된다. 또한 계속 미래에 매달리기 때문에 자신이 처한 상황의 본질적 문제를 발견할 길이 없다. 그저 남이 만들어준 상황 속에서 남이 시키는 대로, 남과 마찬가지로, 경쟁하며 아등바등 살아갈 수밖에 없다. 왜 자신이 그렇게 살 수밖에 없는지를 성찰할 기회를 얻기는 어렵게 된다. 그런 기회는 현재에 집중함으로써만 얻을 수 있다. 남이 만들어놓은 틀 속에서 닥쳐오는 미래에 대해 고민하며 개인적 희생이나 도피로 현재를 소모하는 것은 자신의 본질적 상황을 근본적으로 해결하지 못한다.

　우리의 의식이 현재에 집중할 수 있는 시간적 여유를 가질 때 비로소 우리가 처한 상황에 대한 정확한 이해가 가능하고 상황의 본질적 문제를 해결할 수 있는 방법을 찾을 수 있다. 이 모든 것은 현재의 생생함을, 그것이 즐거운 것이든, 고통스러운 것이든 온전히 즐길 때 가능하다. 현재의 생생함이 과거의 향수로 변하거나 미래를 위해 희생해야 하는 것이 될 때, 그것은 더는 생생한 것이 되지 못한다. 현재를 생생하게 즐기지 못하고 미래를 걱정할 때 현재의 것은 이미 과거의 것이 된다.

출생의 의식은 많은 사회에서 그다지 중요하게 치러지지 않는다. 새로운 생명의 탄생은 삶의 역동성과 풍요로움을 알려 주면서 그 자체로 만끽되기 때문이다. 반면 장례의 의식은 모든 사회에서 가장 중요시되는 의식 중의 하나다. 장례의 의식이 중요한 것은 바로 그것이 소란함과 분주함을 통해 현재를 잊도록 하기 때문이다. 장례식 과정에서 숨 쉴 틈 없이 계속해서 밀어닥치는 가까운 미래의 사건들에 집중하도록 만들면서 죽음이란 현재의 사건을 잊게 만드는 것이 장례식의 기능이다. 파스칼이 말한 오락의 기능을 하는 것이다. 장례식은 떠들썩하고 분주할수록 제 기능을 발휘한다. 사람들이 의례적 절차, 행정적 절차, 조문객들의 접대에 신경 쓰며 분주하게 보낼수록, 고인의 생전 모습에 대해 되풀이해서 말하고 이야기할수록 우리는 죽음에 대해, 자신의 유한함에 대해 진지하게 성찰할 시간을 가질 겨를이 없기 때문이다. 장례식은 결국 살아 있는 사람들을 위한 오락으로 기능한다.

너무나도 사랑하던 애인을 잃은 사람이 있었다. 슬픔 때문에 그는 며칠을 눈물로 지새웠다. 그는 도저히 살 수가 없을 것 같았다. 음식물을 멀리 한 채 며칠을 실의에 잠겨 있던 그는 문득 배가 고프다는 것을 느꼈다. 그토록 사랑하던 사람이 죽었는데 배고픔을 느끼다니. 그는 살아 있던 것이다. 현재의 생생함이 과거의 추억으로부터 그를 다시 불러세운 셈이다.

현재의 생생함을 온몸으로 느끼는 것은 항상 죽음보다 삶이 한발 앞서 있음을 의미한다. 현재의 이 생생한 삶의 조건을 이해하기 위해 노력할수록 우리의 삶은 더욱 풍요로워진다. 미래의 죽음보다는 현재의 삶이 더 소중하고 아름답다는 것을 깨닫기 때문이다. 현재를 즐기지 못한 채 과거나 미래에 집착하고 걱정하는 사람은 결국 현재마저도 포기하게 된다. 다가올 죽음에 대한 공포로 결국 자살하는 사람은 아마도 이것의 극단적인 사례가 될 것이다. 비록 현재의 생생함이 너무나 고통스러운 것이라 하더라도 그것 또한 삶의 풍요로움을 구성한다. 우리가 죽음 앞에서 굴복하는 것은 현재의 생생함을 과거의 허상으로 대체하거나 오지 않은 미래로 미루는 순간부터다. 현재에 충실하지 않고 과거나 미래에 집착하는 순간 죽음은 삶을 압도한다.

두 번째 이야기:
*시간과 생명*

-

*왜 4월은 잔인한가?*


 영국 시인 엘리엇은 그의 서사시 「황무지」의 첫 구절을 "4월은 가장 잔인한 달"이라는 말로 시작한다. 그 이유는 4월이 "죽은 땅에서 라일락을 키워 내고 추억과 욕망을 뒤섞고 잠든 뿌리를 봄비로 뒤흔들기" 때문이다. 오히려 "겨울은 우리를 따뜻하게 했다". 왜냐하면 "대지를 망각의 눈으로 덮어주고 작은 생명을 마른 구근으로 먹여 살렸기" 때문이다.

 모두가 얼어붙은 춥고 배고픈 계절보다 만물이 소생하는 생명의 시간이 더 괴롭다 못해 일 년 중 가장 잔인한 시간이라고 말하는 것은 확실히 역설이다. 죽은 땅에서 새 생명이 자라고 생명수가 만물에 생기를 불어넣는 봄이 왜 가장 잔인한 계절이어야 하는가? 죽음보다 삶이 더 고통스럽다는 말인가?

 로마 신화에서 아폴론은 쿠마이의 무녀 시빌의 사랑을 얻기 위해 그가 두 손으로 움켜질 수 있는 모래알 수만큼의 나이를 살 수 있게 해주겠다고 한다. 시빌은 그 제안을 받아들이지만, 아폴론의 사랑은 거부한다. 이에 분노한 아폴론은 그가 오래 사는 것만을 보장해줬을 뿐 젊음을 유지할 수 있도록 하지는 않았다. 결국 시빌은 죽지 못한 채 천 년 동안 계속 늙어간다. 늙어 쪼그라들어 작은 병 속에 갇혀 추녀 끝에 매달려 살게 된 무녀 시빌은 동네 아이들의 놀림감이 된다. 시빌에게 한 아이가 묻는다. "시빌, 너는 뭘 원하니?" 시빌이 대답한다. "나는 죽고 싶어!"

시빌에게 있어 삶은 죽음보다 더 고통스럽다. 단지 살아야 하기에 사는 삶은 의미가 없기 때문이다. 희망 없는 삶을 사는 사람에게 새 생명을 가져다주는 봄은 고통스러운 계절이다. 새로운 시작을 알리는 봄은 진정한 삶을 가져다주지 않고 단지 과거에 대한 고통스러운 추억과 이룰 수 없는 욕망을 일깨우며 현재의 삶을 더욱 비참하게 만들기 때문이다.

엘리엇에게 있어서 4월이 가장 잔인한 달인 이유는 아마도 봄비를 맞고 죽은 땅에서 태어나는 새 생명이 희망을 담고 있지 않기 때문일 것이다. 4월의 태양과 비는 우리가 잊고 있던 진정한 삶에 대한 희망을 각성시킨다. 하지만 진정한 삶을 살지 못한 채 현실에서 도피하며 망각 속에서 하루하루를 보내는 사람들에게 그것은 정말 피하고 싶은 괴로운 각성이다.

하지만 4월을 잔인하다고 느끼는 사람에게는 아직 희망이 있다. 그는 현재의 고통이 어디에서 오는지를 알고 있기 때문이다. 현대 사회는 인간을 진정한 삶으로부터 소외시킨다. 우리는 왜 배워야 하는지를 모르면서 학교에 다니고 왜 일해야 하는지를 모르면서 취업하기 위해 애쓴다. 심지어 좋은 학교에 가기 위해, 좋은 직업을 얻기 위해 엄청난 시간과 노력을 소모하며 지쳐가지만, 여전히 왜 그래야 하는지를 정확히 알지 못한다. 우리는 삶의 의미를 알지 못한다. 단지 생명이 주어졌기 때문에 생존할 뿐이다. 그렇기에 모든 교육과 직업은 삶을 위한 것이 아니라 생존을 위한 것이 된다.

간혹 우리는 이러한 생활에 대해 의문이 들 때가 있다. 그때마다 화려한 스펙터클을 제공하는 미디어와 소비할 수 있는 수많은 상품이 우리를 위로하고 행복하게 만들기 위해 달려온다. 물건을 살 때가 제일 행복하고 스마트폰을 볼 때가 제일 재미있는 생활은 삶이 아니라 생존일 뿐이다. 사회가 만들어준 역할에 충실하며 은행 계좌의 잔금 액수에 일희일비하는 사람에게 4월은 그저 황사 때문에 잔인한 달일 뿐이다. 황사가 생존을 방해하기 때문이다. 생존에만 급급한 사람은 4월의 태양과 비가 주는 잔인한 고통을 느끼지 못한다. 우리는 생존하기 위해 태어나지 않았다. 삶을 위해 태어났다.

## 시간과 더불어 산다는 것

　미국의 정치인이자 과학자 벤자민 프랭클린은 "시간은 돈이다."라는 말을 남긴 사람으로도 유명하다. 그는 젊은 사업가에게 보낸 편지에서 이렇게 말한다. "시간은 돈이라는 것을 기억하게. 노동해서 하루에 10실링을 버는 사람이 반나절을 놀면서 6펜스를 썼다고 하세. 그가 놀면서 쓴 돈은 6펜스가 다가 아니라네. 그는 놀지 않고 일했다면 벌 수 있는 5실링을 덤으로 갖다버린 셈이 된다네."

　이렇듯 "시간은 돈이다."라는 말은 자본주의가 급성장하던 18세기의 자본가 정신을 웅변한다. 노동 시간이 곧 임금을 결정하던 시기에 시간은 정말로 소중히 다뤄야 하는 것이었다. 사람들은 시간을 통제하고 지배하기 위해 많은 장치를 만들었다. 시계는 가장 대표적 장치다. 톱니바퀴와 태엽을 이용해 정교하게 만들어진 시계는 시간을 초 단위까지 나누고 측정한다. 째깍거리는 시계의 분침, 초침이 정해주는 시간에 따라 우리는 아침에 일어나고 출근하고 노동하고 퇴근하는 톱니바퀴와 같은 삶을 살아간다.

시계는 시간을 양적으로 측정하고 계산할 수 있게 만들어주는 대표 도구다. 이러한 도구를 통해 인간은 시간을 통제하고 조직하고 이용할 수 있게 되었다. 사람들은 의식이라는 측면에서 각자 다른 주관적 시간을 체험하지만, 일상생활에서는 정해진 같은 시간에 출근하고 기차를 타고 영화를 보며 약속에 늦지 않으려고 노력한다. 사람들은 같은 간격으로 나뉜 객관적 시간을 공유하며 시간표를 짜고 약속을 조정하며 미래의 일을 계획한다. 시간 단위로 결정되는 자동차의 속도는 교통법규 위반을 판단하는 기준이 되고 일을 한 시간의 합계는 봉급과 퇴직금을 결정하는 기준이 된다. 시계가 알려주는 시간은 현대 사회에서 사업, 노동, 이동, 투자, 인간관계 등 모든 인간 활동을 조율하는 가장 근본적 수단이다. 시계는 시간을 지배하는 인간의 힘을 상징한다.

초등학교 때부터 아이들은 시간표를 짜고 그 시간표에 정해진 시간에 따라 행동하도록 훈육된다. 등교 시간이나 수업 시간에 조금이라도 늦는 것은 처벌 받는다. 이렇게 해서 아이들은 정해진 시간표에 따라 행동을 조절할 줄 아는 착실한 노동자로 성장한다. 예전에 우리는 독립된 사회인이 되었다는 의미로 시계를 선물 받았다. 오늘날 시계를 볼 줄 아는 능력은 아이가 가장 먼저 획득해야 할 중요한 것이 되었다.

시계는 집, 직장, 거리 등 내가 가는 곳 어디에서나 내 행동을 지배하는 요소다. 우리의 일상생활은 정해진 시간들로 짜여 있다. 내가 일어나야 할 시간과 출근해야 할 시간, 식사해야 할 시간 등이 이미 정해져 있다. 그 시간을 따르지 않으면 내 삶은 큰 혼란에 빠진다. 우리는 약속 시간에 1분이라도 늦지 않기 위해 조바심을 낸다. 사람을 5분 이상 기다리는 것은 참을 수 없는 짜증과 분노를 불러일으킨다. 우리는 시간을 통제하고 지배하기 위해 시계를 만들었지만, 언젠가부터 자신도 모르는 사이에 시계의 일부분이 되어 시간에 쫓기며 살아가고 있다.

우리는 시간의 주인이 되고자 했지만, 오히려 시간의 노예가 되고 말았다. 노예는 주인의 위대함을 칭송하며 주인에게 복종하는 것을 미덕으로 삼는다. 시간의 충실한 노예들은 노예로서의 삶에 만족하며 오히려 시간을 따르지 않는 자유인들을 비웃는다. 그들이 보기에는 시간에 충실히 복종하는 사람일수록 더 문명화된 사람이다. 시간 개념이 없다는 것은 곧 무능하다는 소리고 '코리안 타임'이란 말은 한국인 전체에 대한 모욕으로 이해된다. 그들은 누가 더 충직한 노예인가를 보여주기 위한 어리석은 경쟁 속에서 자신의 생명을 갉아먹고 있다는 생각은 하지 못한다.

18세기의 악독한 공장주는 자기 혼자만 시계를 소유했다. 공장주가 자의적으로 조정하는 작업 시간에 맞춰 노동자들은 착취 당했고 삶은 피폐해졌다. 오늘날의 사람들은 자본이 소유한 거대한 시계가 정해주는 시간에 복종하며 자신의 삶을 황폐하게 만든다. 1분, 1초에 연연하는 초조한 삶 속에서 우리는 여유와 너그러움을 잃고 삶의 기쁨에서 멀어진다. 시간은 지배할 수 있는 것이 아니다. 시간을 지배하려다가는 오히려 시간에 쫓기게 된다. 시간은 더불어 사는 것이다. 낮과 밤이 바뀌고 계절이 순환하는 가운데 우리의 삶은 시간과 더불어 흘러간다. 시계에 맞춰 사는 것이 아니라 시간과 더불어 살며 삶의 의미를 되새기는 것, 그것이 바로 잘 사는 최선의 방법이다. 웰빙의 철학, 느림의 미학이란 것도 알고 보면 결국은 시간과 더불어 살자는 이야기가 아니겠는가? 시계가 정해준 시간에 대한 집착을 버리는 것은 욕심을 버리는 것이고 자연 속에 자신을 동화시키는 것이기 때문이다.

\-

## 코리안 타임

　현재 세계에서 가장 정밀한 시계는 1967년에 공인된 세슘시계다. 이 시계는 세슘원자에 마이크로파 빔을 쏘아서 시간을 측정한다. 이것은 초당 9,192,631,770(약 92억)번 진동하는 세슘 133 원자의 특성을 이용한 것으로, 1초를 약 92억 번 쪼개서 측정할 수 있는 정밀도가 있고, 3,000만 년에 1초의 오차가 생긴다. 이제 1초는 지구의 자전 시간을 잘게 쪼갠 대략의 시간이 아니라 "세슘원자가 9,192,631,770번 진동하는 시간"이다. 세상의 모든 시계는 이 공인 시계에 맞춰 사람들에게 정확한 객관적 시간을 알려준다.

　이렇게 정확히 규정되고 조작된 시계가 알려주는 객관적 시간은 개인, 사회, 문화와 상관없이 어디에서나 동질적이고 보편적이다. 이 시간에는 역사도, 사회도, 문화도 인간도 없다. 그저 정해진 원자의 진동 수에 따라 측정되는 시간만이 있을 뿐이다. 오늘날 이 시간은 전 세계를 지배하고 있다고 해도 과언이 아니다. 이 시간을 따르지 않는 사람은 야만인이거나 세상을 등진 사람으로 치부된다.

모든 사람이 획일적이고 강제적으로 따라야 하는 객관적 시간은 하나의 직선 모양으로 오로지 앞을 향해서만 간다. 지나간 것은 과거일 뿐이고 새로운 미래는 아직 오지 않은 상태로 우리를 기다리고 있다. 미래는 항상 과거보다는 새롭고 더 발전된 것이어야 한다. 모든 인간, 모든 사회에 적용되는 이 객관적 시간의 법칙은 결국 뒤처진 사람과 앞선 사람, 미개한 사회와 발달한 사회를 구분하면서 사람들과 사회들의 우열을 가린다. 모두가 같은 시간의 선상에 있는 것으로 간주되기 때문에 이런 우열은 피할 수 없는 것이다.

객관적 시간에 따라 사는 것은 필연적으로 남과 자신을 비교하면서 살아야 하는 경쟁의 삶으로 우리를 인도한다. 이미 완성된 자본주의 사회에서 태어나고 자란 우리는 객관적 시간이 우리에게 주어진 유일한 시간이며 이 시간을 지키는 것은 바른 삶을 사는 교양인의 자세라고 배워왔다. 따라서 객관적 시간 외에 다른 시간이 있다는 것은 상상하기도 힘들어한다. 하지만 불과 수십 년 전만 하더라도 한국의 많은 사람은 이 객관적 시간과는 다른 시간에 따라 살았다.

얼마 전까지만 하더라도 "코리안 타임"이란 말을 흔히 들었다. 약속 시간을 지키지 않고 항상 늦게 나타나는 한국인들의 부족한 시간 개념을 꼬집기 위해 미국인들이 사용했다는 이 말을 우리는 매우 수치스러워했다. "시간 개념이 없다."라는 말로 요약될 수 있는 이 현상은 사실 전혀 수치스러운 것이 아니다. 그것은 한때 우리가 자본주의가 강요하는 객관적 시간과는 다른 시간에 따라 살고 있었다는 증거일 뿐이다.

본격적으로 자본주의가 사회를 지배하기 이전, 다시 말해 근대화가 되기 이전에 한국인들은 농경 문화에 기초한 삶을 살고 있었다. 당시 한국인들은 12진법에 따라 하루를 나누고 달과 태양의 움직임에 따라 절기를 나누었다. 이 시간은 농경에 필요한 계절의 변화를 예측하고 준비하기 위해 고안된 것이다. 농경이란 것이 기본적으로 사계절의 순환에 따라 행해지는 활동이기 때문에 이 시간은 순환적인 속성을 갖는다. 이 시간에 따르면 우리가 지나온 버려야 할 과거와 나아가야 할 더 나은 미래는 존재하지 않는다. 단지 계속 되풀이되는 절기들이 있고 그 절기에 따라 해야 하는 현재의 일들이 중요하다.

정해진 땅의 면적이 있고 그 땅에서 해야 할 일들은 절기에 따라 정해져 있다. 일을 해야 할 땅의 면적은 몸의 움직임을 기초로 정해진다. 예를 들어 1마지기는 씨앗 한 말을 뿌릴 수 있는 면적이다. 몇 시간 동안 일했느냐가 중요한 것이 아니라 몇 마지기에 씨앗을 뿌렸느냐가 중요하다. 정해진 절기에 맞춰 정해진 일을 하면 되는 것이고 해야 할 일이 끝나면 보수를 받고 놀면 되는 것이다. 1분 1초 단위로 시간을 자르고 정해진 시간 동안 누구나 같은 일을 하고 같은 임금을 받는 것이 아니다. 일이 1시 15분에 끝났느냐 1시 16분에 끝났느냐를 따지는 것은 여기에서 아무런 의미가 없다.

객관적 시간에 맞춰 노동하고 임금을 받는 사람에게 10분이 늦는 것은 짜증 나는 일이고 1시간이 늦는 것은 큰일 날 일이며 24시간이 늦는 것은 재앙에 가까운 일이다. 하지만 농경 문화의 순환적 시간을 사는 사람에게 있어서 1시 15분에 만나는 것과 1시 30분에 만나는 것은 아무런 차이가 없다. 항상 그래왔듯이 이맘 때쯤 씨를 뿌리고 그맘 때쯤 수확하면 되는 것이다. 순환적 시간을 사는 사람들에게 객관적 시간을 강요하며 시간 개념이 없다고 비웃고 면박을 주는 것은 폭력일 뿐이다.

자본주의 사회의 생활이 임금 노동을 기반으로 하고 있기에 이 사회를 사는 모든 사람은 어쩔 수 없이 객관적 시간의 노예가 된다. 사람들은 정해진 같은 시간에 출근하고 같은 시간 동안 일하고 같은 시간에 퇴근한다. 더 많은 시간을 일하고 더 늦게 퇴근하는 것은 손해이거나 추가 수당을 받아야 하는 일이다. '시간은 돈'이기 때문에 1분 1초를 관리하는 일은 내 생활의 질을 결정하는 매우 중요한 작업이다. 노예가 주인의 일거수일투족을 관리하며 챙기듯 우리는 시간을 관리하며 챙겨야 한다.

사회적으로 보편화된 디지털시계는 초 단위로 시간을 알려주며 사람들을 더더욱 시간에 얽매이도록 만든다. 당신은 약속 시간에 정확히 2분 34초가 늦었다. 당신은 2분 34초만큼 무책임하며 야만적인 사람인 셈이다. 일상생활에서는 우리가 몸으로 느끼기도 힘들고 사실 별로 큰 의미가 없는 2분 34초라는 시간이 디지털시계를 통해 제시되면서 우리의 불성실함과 게으름을 표시하는 척도로 사용된다. 디지털시계에 의해 실체를 갖게 된 2분 34초는 우리의 삶과는 동떨어져 존재하는 하나의 사물이 되어 우리의 품행을 재단한다. 시계를 통해 구현된 객관적 시간은 더는 삶의 수단이 아니라 삶을 지배하는 목적이 된다.

근대화의 논리에 세뇌된 우리는 객관적 시간이 우리의 삶을 통제하는 것을 받아들이면서 순환적 시간을 "코리안 타임"이라 부르며 멸시하고 그런 시간에 따라 생활했다는 것 자체를 수치스러워하게 되었다. "코리안 타임"과 함께 하던 공동체적 삶의 여유와 놀이마저도 그런 맹목적 수치심 속에서 부정하고 심지어 저주하며 철저히 자본주의가 요구하는 온순한 노예가 되어 갔다.

-

머리에 꽃을 꽂으세요

1967년 미국 가수 스콧 멕켄지는 "당신이 샌프란시스코에 간다면 꼭 머리에 꽃을 꽂으세요."라고 노래했다. 이 노래는 엄청난 인기를 끌며 당시 미국을 휩쓸던 히피 문화를 상징하는 성가가 되었다. 베트남전쟁과 탐욕스러운 자본주의 문화에 의해 인권이 훼손되고 사회에 위기가 닥쳤다고 생각한 히피들은 새로운 문화 운동을 통해 자유와 평화를 얻으려 했다. 히피들은 적게 먹고 적게 입으며 사랑과 노래로 가득 한 평화로운 공동체적 삶을 살고자 했다. 그들은 시위를 진압하는 군인의 총구에 꽃을 꽂아주고 경찰관들에게 꽃을 선물했다. 또 머리에 꽃을 꽂고 다녔으며 지나가는 행인들에게도 꽃을 나눠주었다. 그래서 히피들은 '꽃의 아이들flower children'이라 불렸고, 그들의 운동은 '꽃의 힘flower power' 운동이라는 명칭을 얻었다.

꽃의 아이들이 보여주고자 했던 꽃의 힘은 무엇일까? 꽃은 아름답다. 한 식물이 자연에서 얻은 생명의 모든 것을 고스란히 보여주는 것이 바로 꽃이다. 꽃 속에는 생명의 본질이 깃들여 있기에 꽃의 아름다움을 느끼는 것은 우리의 이성을 뛰어넘는 일이다. 우리는 이유를 알지 못한 채 꽃 앞에서 감탄하고 눈물을 흘리고 숙연해진다. 꽃은 우리 생명의 모태인 자연이 살아 있음을 그냥 그렇게 온몸으로 보여준다. 단지 생존하는 것이 문제였다면 꽃은 그렇게 다양하고 아름답지 않았을 것이다. 자연의 창조력, 생명의 폭발력이 꽃에는 들어 있다.

꽃에 반대하는 것은 무엇인가? 그것은 기계며 기술이고 과학이고 전쟁이다. 수많은 들꽃이 있어야 할 자리에 오직 한가지의 작물만을 심는 농업 기술, 콘크리트와 철로 쌓아 올린 도시, 온갖 소음과 매연을 내뿜으며 들과 산과 바다, 하늘을 질주하는 기계들이 꽃을 죽이고 땅을 척박하게 만든다. 과학과 기술은 기계를 만들어 자연을 파괴하고 착취하지만, 그만큼 인간에게 물질적으로 풍요로운 삶을 제공해준다. 과일은 더 크고 당분이 많아졌고 빠른 운송 수단 덕분에 지구의 공간적, 시간적 거리는 더욱 짧아졌고 에어컨과 공기청정기, 정수기 덕분에 고층 아파트의 공기는 더욱 쾌적해졌고 수돗물은 더욱 안전해졌다.

기술과 기계가 내 생활을 더욱 안락하고 위생적으로 만들어주는 만큼 땅은 위험하고 더러운 것이 되었다. 수천 만 대의 자동차와 공장에서 나온 오염 물질들이 공기를 숨 쉴 수 없는 것으로 만들고 제초제와 살충제로 강과 땅이 오염되지만, 내가 사는 고층 아파트는 너무나 편안하고 살 만하다. 수많은 야생의 꽃이 죽어가고 멸종되지만, 재배 기술은 몇 가지 꽃을 더 아름답고 더 크게 만들어 사시사철 제공하는 거짓된 꽃의 잔치를 벌인다. 유전자 조작 기술로 변형된 더 크고 맛있는 농산물이 마트의 진열대를 가득 채우는 가운데 우리는 더 많은 돈을 들여 유기농 채소를 사 먹어야 한다.

꽃이 피어나는 것은 자연의 생명력과 창조력이 결합한 결과다. 히피들이 꽃을 들어 자신들의 반란을 선언했던 것은 과학과 기술의 오용, 기계에 대한 어리석은 예찬, 전쟁과 생태계 파괴에 의한 생명 가능성의 축소를 경고하기 위해서였다. 살아남기 위해 끊임없이 자연을 착취하는 것은 인간이 살아가는 기반 자체를 파괴하는 행위다. 더 잘 살기 위해 빨리 죽는 길을 택하고 있는 셈이다. 더 많은 돈을 벌기 위해, 더 편히 살기 위해 부수고 파괴하는 것은 결국 우리에게 황폐하고 쓸모없는 생존의 환경만을 가져다줄 뿐이다. 파멸의 길로 가는 것을 뻔히 알면서도 약을 찾는 마약 중독자처럼 우리는 삶의 기반을 하나씩 허물어 가고 있다. 생명이 없다면 부富도 가치가 없다. 과학과 기술의 눈으로 본다면 머리에 꽃을 꽂는 일은 미친 짓이다. 하지만 생명의 눈으로 본다면 그것은 자유와 평화의 땅에서 살아가는 기쁨의 표현이 아닐까?

–

## 일상 속에서 잃어버린 내 길

  프랭크 시나트라가 불러서 유명해진 노래 〈마이 웨이<sup>My way</sup>〉
는 우리가 노래방에서 흔히 들을 수 있는 팝송 중 하나다. 이
노래는 원래 프랑스 가수 클로드 프랑수아가 부른 〈콤 다비
튀드<sup>Comme d'habitude</sup>〉라는 샹송의 영어 번안곡이다. 〈마이 웨이〉
는 인생의 마지막 순간에 서서 자신이 걸어왔던 길을 되돌아
보며 자기 방식대로 충만한 삶을 산 것에 대해 만족해하는 사
람의 노래다. 반면 원곡인 〈콤 다비튀드〉는 '언제나처럼', '항
상 그래왔듯이'라는 뜻의 노래 제목이 가리키듯이 한 남자가
아침에 일어나서 밤에 잠이 들 때까지 보내는 평범한 하루를
노래한 것이다.

  똑같은 멜로디의 노래이지만, 삶의 마지막 순간에 나름대로
만족스러웠던 삶을 회고하는 〈마이 웨이〉가 장엄하고 가슴
벅찬 느낌을 주는 노래라면, 열정이 사라진 후 쳇바퀴 돌듯 지
나가는 회색빛 일상을 노래한 〈콤 다비튀드〉는 서글프고 처
연한 느낌을 준다. 사랑은 이미 식었지만, 항상 그래왔듯이 여
전히 사랑하는 척하며, 항상 그래왔듯이 아침에 일어나 집을

나와 회사에 가고, 항상 그래왔듯이 저녁에 불 꺼진 집으로 돌아오는 무의미한 일상을 노래하기 때문이다.

이 사회에서 살아가는 사람은 누구나 '마이 웨이'를 지향하겠지만, 안타깝게도 현대인의 삶은 '콤 다비튀드'에 가깝다. 39세의 남자가 있다. 매일 아침 그는 차를 타고 회사로 가서 서류를 정리하고 회사 근처 식당에서 점심을 먹는다. 오후에 다시 회사에서 업무를 보다가 저녁이 되면 회사를 나와 동료들과 간단히 술을 마시고 집으로 들어간다. 집에서 아내를 보고 아이들을 안아주고 텔레비전을 본 후에 잠자리에 든다. 한 사람의 삶이 어떻게 이처럼 단조로움의 연속으로 축소될 수 있는가?

현대인의 삶이 단조로움의 연속인 것은 우리가 자신의 진정한 삶을 잃어버렸기 때문이다. 우리는 어느 순간부터 자신의 삶을 잃어버린 채 누군가를 위해서 어떤 역할을 하면서 살아간다. 그리고 그 역할이 요구하는 전형적 이미지에 충실할수록 우리는 훌륭한 사회인이라는 평가를 받으며 출세하고 존경 받는다.

우리는 운전기사, 종업원, 고위관리, 부하직원, 동료, 손님, 바람둥이, 친구, 동호회원, 남편, 가장, 주부, 시청자, 소비자로서 살아간다. 각각의 역할이 요구하는 전형적 모습을 충실히 재현하면서 만족감을 얻는다. 그러나 우리는 역할에 충실할수록 자신에게서 멀어지고 자신을 부정하고 희생하게 된다.

유능한 직장인, 자상한 남편, 착실한 동호회원이 될수록 사회적 지위는 안정되어 가지만, 마음속 깊은 곳에서 느껴지는 기쁨의 강도는 약해진다. 성공할수록 불안해지고 우울해지는 것이다.

정열적인 몽상, 꿈틀거리는 욕망, 솟구치는 에너지로 몸과 마음이 떨리는 것을 경험한 적이 언제인가? 되풀이되는 일상 속에서 기계적인 노동에 시달리며 다른 사람들의 눈에 들기 위해 사회가 요구하는 역할을 행하다 보면 진정한 삶의 순간들은 멀어져 간다. 사랑하기도 전에 조건을 따지고, 취직하기도 전에 연봉을 따지는 우리는 자신의 역할을 훌륭히 수행하는 배우가 되기 위해 정체된 스테레오 타입에 순응한다. 우리는 삶을 누리는 것이 아니라 단지 생존한다.

'콤 다비튀드'의 남자는 열정을 잃어버린 채 자신의 역할을 하는 척하며 비참한 생존의 길을 걸어간다. '마이 웨이'의 사람은 자기 방식대로 사랑하고 울고 웃으면서 진정한 삶의 기쁨을 찾아 자기의 길을 걸어갔음을 자부한다. 다른 사람들이 요구한 기준에 맞춰 부여된 역할을 무미건조하게 수행하는 것은 슬픈 일이다. 돈 버는 기계, 쇼핑센터의 소비자로 전락한 사람은 미디어가 제공하는 스펙터클 외에 다른 곳에서는 기쁨을 발견하지 못한다. 텔레비전과 유튜브의 오락물을 볼 때 외에는 크게 웃을 일이 없다는 것은 얼마나 서글픈 일인가?

–

## 모두가 영웅인 사회

　독일 극작가 브레히트의 희곡 「갈릴레이의 생애」에는 다음과 같은 장면이 있다. 지동설을 주장하던 갈릴레이는 종교 재판에서 목숨을 부지하기 위해 자신의 이론을 부정한다. 갈릴레이의 제자 안드레아는 "영웅이 없는 나라는 불행하다."고 외치며 스승의 변절을 안타까워한다. 그러자 갈릴레이는 "영웅을 필요로 하는 나라가 불행하다."며 자신을 변명한다.

　영웅이 없는 나라가 불행할까, 아니면 영웅을 필요로 하는 나라가 불행할까? 안드레아는 뛰어난 지식과 용기를 갖고 세상의 무지에 맞서 싸우며 세상을 바꾸는 스승의 모습을 보고 싶었을 것이다. 반면 갈릴레이는 개인의 능력에 의지하는 것이 아니라 사회의 제도와 시스템이 스스로 오류와 잘못을 시정하며 더 나은 사회로 발전하는 데 기여하는 것이 바람직하다고 생각했다. 영웅 아래 일치단결해 번성하는 사회가 행복한 사회인가, 아니면 영웅이 없어도 잘 돌아가는 사회가 행복한 사회인가?

　옛말에 난세가 영웅을 만든다고 했으니 영웅이 할거하는 세상은 이미 불행에 빠진 세상이라고도 할 수 있겠다. 돌이켜보면 영웅을 갖지 않은 민족도 없었고 영웅이 등장하지 않았던 시대도 없었으니 인류 역사는 고통과 혼란으로 점철되어 있었다는 말인가? 프랑스 역사학자 아말비는 "무릇 영웅이란 죽고 나서 한층 더 길고 파란만장한 삶을 살아간다."고 했다.[7] 이 말은 영웅을 만드는 것은 바로 우리의 기억이라는 것을 의미한다. 영웅은 한 집단의 사회적 기억의 결과물이며 그 기억은 집단의 정체성과 생명력을 보장한다. 따라서 역사에서 살아남은 민족이나 국가치고 영웅에 대한 기억을 갖지 않은 것은 없다.

영웅은 단순히 비범한 능력을 가진 개인이 아니다. 그는 고통과 영광의 순간에 대중이 감정을 이입하고 동일시할 수 있는 대상이다. 감정이입과 동일시를 통해 영웅은 대중을 하나의 공동체로 단결시키고 정체성을 부여하는 상징이 된다. 영웅은 공동의 기억이자 추억으로서 사회를 유지시키는 정신적 유산이 된다. 영웅은 서로 모르는 사람들을 '우리'라는 공동체 의식으로 묶어 주는 힘이 된다. 그렇기에 영웅은 사회의 필요에 의해 만들어진다고 할 수 있다.

시대는 영웅을 재발견하고 재구성한다. 구한말에 구국의 영웅으로 재발견되었던 이순신 장군은 박정희 군사정부 때 정권의 필요에 의해 민족의 영웅으로 재구성되었다. 오늘날은 미디어가 영웅을 만든다. 사회적 기억의 기록 장치이자 보존 장

7   아말비, 『영웅은 어떻게 만들어지는가』, 성백용 옮김, 아카넷, 2004.

치인 미디어는 자신의 정치적, 경제적 목적을 위해 기꺼이 영웅을 만들어낸다. 예나 지금이나 대중의 삶은 고단하다. 미디어가 매일 만들어내는 영웅들은 대중의 고단한 삶에 활력을 제공하고 이질적인 사람들에게 소속감을 만들어준다.

미디어에게 있어서 영웅의 나이나 직업, 능력, 업적은 중요하지 않다. 평범한 초등학생도 언제든지 영웅이 될 수 있다. 어제는 김연아, 오늘은 손흥민, 내일은 BTS가 영웅으로 포장되어 미디어 콘텐츠를 장식한다. 대중의 기호가 빠르게 바뀌는 만큼 영웅의 유효기간도 짧아진다. 유행가 순위가 바뀌는 것처럼 한 영웅이 다른 영웅에게 자리를 내주며 영웅의 얼굴은 쉴 없이 달라진다. 무대에서 물러난 영웅은 다음에 다시 불러줄 때를 기다리며 조용히 잠든다. 오늘의 영웅이 내일은 잊히지만, 여전히 다른 누군가가 영웅의 자리를 차지하고 있을 것이다.

확실히 사회가 긴 생명력을 확보하기 위해서는 영웅에 대한 기억이 필요하다. 하지만 유지되기 위해 영웅을 필요로 하는 사회는 불행하다. 자신의 욕망을 대리만족시켜줄 사회의 영웅을 찾지 않고 각자가 자신의 영웅이 된다면 어떨까? 모두가 영웅이어서 영웅이 필요 없는 사회를 꿈꿔본다.

-

## 자연으로 돌아갈 수는 없다

"자연으로 돌아가라." 이 말은 프랑스 철학자 루소가 한 것으로 알려져 있다. 이 명쾌한 문장은 현대 사회가 가져온 환경 오염, 질병, 경쟁, 인간성 상실, 스트레스 등으로 고통 받는 인간들에게 구원의 소리처럼 다가온다. 이 구원의 소리가 언제부터인지 자본가들에게 황금알을 낳아주는 거위의 꽥꽥거리는 소리로 변했다. 자동차, 아파트, 냉장고, 세제, 식품 등 문명이 만들어낸 모든 상품이 자연이라는 가면을 쓰고 우리에게 제시된다. 그 모든 상품이 자연 속에 있으며 우리를 자연과 더 가깝게 해주고 자연으로 돌아가고자 하는 우리의 바람을 이뤄주는 고마운 친구가 된다. "우리의 상품을 소비하라. 그러면 당신은 자연으로 돌아갈 수 있을 것이다." 모든 광고가 이렇게 외쳐대고 있다.

엄밀히 말해 루소는 "자연으로 돌아가라."고 한 적이 없다. 물론 루소는 자연을 사랑했다. 그는 도시 생활에 환멸을 느끼고 시골 생활에서 행복과 안식을 얻었다. 하지만 그가 말한 자연은 전원생활을 의미하는 것이 아니었다. 루소가 말한 자연은 인간의 있는 그대로의 본성이다. 루소는 자연 상태의 인간은 기본적으로 선하다고 본다. 물론 이때 선하다는 것은 도덕적으로 선하다는 의미가 아니다. 자연 상태의 인간은 모든 사회적 영향으로 벗어나 있기에 도덕도 갖고 있지 않다. 자연 상태의 인간은 기본적으로 자기에 대한 사랑과 남에 대한 연민을 갖고 있는데 바로 이 두 본성이 선하다는 것이다.

사회와 역사는 이러한 인간의 본성을 변질시켰다. 남보다 더 많이 가지려 하고 남보다 더 앞서려고 하는 가운데 자기애는 이기심으로 변하고 연민은 멸시로 대체되었다. 사회제도가 인간을 악하게 만든 것이다. 모든 인간이 자유롭고 평등하던 자연 상태에서 구속과 불평등이 지배하는 사회로 인간은 옮겨온 것이다. 그렇다면 인간의 행복을 위해 당연히 자연으로 돌아가야 하지 않겠는가? 그래서 루소는 우리에게 자연으로 돌아가라고 말하고 있는 것인가?

그렇지 않다. 자연으로 돌아가는 것은 불가능하다. 루소가 말한 자연 상태의 인간은 애시당초 존재하지 않기 때문이다. 루소는 인간이 사회적 요인으로부터 완전히 자유롭다면 자기애와 연민을 가질 것이라고 가정했을 뿐이다. 하지만 인간은 처음부터 사회적 동물이기 때문에 사회로부터 벗어난 자연 상태의 인간은 존재할 수 없다. 사회 안에서 인간의 본성은 변질될 수밖에 없다. 그리고 자연 상태의 인간으로 돌아가는 것은 불가능하다. 결국 우리에게 남은 유일한 해결책은 인간의 본성을 좋은 방향으로 바꾸는 일뿐이다.

인간은 사회 안에서 자신의 본성을 잃어버리고 변질된다. 만약 사회가 올바르다면 그 사회 안에서 성장한 인간은 자신의 본성을 사회적으로 연장시키는 방식으로 변질될 것이다. 따라서 인간이 자연 상태에서 갖고 있던 자유와 평등을 보장하는 사회제도가 확립된다면 인간은 좋은 방향으로 바뀔 것이라고 루소는 생각한다. 그래서 중요해지는 것이 바로 교육이다.[8]

교육이란 인간을 사회의 나쁜 영향으로부터 최대한 벗어나게 하면서 좋은 시민으로 만드는 일이다. 인간이 좋은 시민이 되려면 그의 본성을 좋은 방향으로 변질시키는 방식으로 교육이 이뤄져야 한다. 자연 상태의 인간은 감정만을 갖고 있다. 따라서 아이를 교육할 때는 우선 감정을 개발하고 발전시키는 것이 중요하다. 이성의 발달은 감정의 발달 이후에 점차 도구를 이용하는 노동을 통해 이뤄져야 한다. 그렇지 않으면 아이는 풍부한 감정을 억압하면서 단순한 시각으로 세상을 바라보게 된다.

결국 루소는 자연으로 돌아가라고 한 것이 아니라 교육을 통해, 사회제도의 개선을 통해 지금보다 더 나은 사회를 만들라고 한 것이다. 웰빙을 이야기하며 남보다 더 좋은 공기청정기로 숨을 쉬고 더 깨끗한 유기농 음식을 먹으며 더 쾌적한 아파트에 살려고 하는 것은 루소가 보기에 오히려 자연에 역행하는 것이다. 핵심은 자연으로 돌아가는 것이 아니라 사회를 더

8  루소, 『에밀 또는 교육론 1&2』, 문경자·이용철 옮김, 한길사, 2007.

좋게 만드는 것이다.

세 번째 이야기:
미디어를 보다

-

## 금지하는 것을 금지한다

"Il est interdit d'interdire<sup>금지하는 것을 금지한다</sup>". 프랑스의 오늘을 만드는 데 결정적으로 기여한 1968년 5월의 혁명 기간 중 청년 학생들이 벽에 낙서한 수많은 슬로건 중 나는 이것을 좋아한다. 구 체제의 억압적 제도에 대항해 절대자유를 추구하던 당시 청년 학생들의 사상이 이 한 문장의 슬로건에 담겨 있다. 이미 모순을 포함하는 이 문장은 바로 이 역설적 표현을 통해 아마도 청년 학생만이 가질 수 있을 이상을 드러낸다.

역설은 그 안에 모순을 담고 있다는 점에서 현재에 대한 부정이며 변화에 대한 끝없는 추구다. 현재의 사회적 장치들이 무너지고 변화의 폭풍이 부는 것을 두려워하지 않는, 아니 오히려 그것을 기꺼이 맞이하는 청년 학생들이 역설을 좋아하는 것은 당연한 일인지도 모른다. 실제로 1968년 프랑스 도시와 대학의 벽들에 휘갈겨졌던 많은 슬로건이 역설적 표현들을 담고 있다.

절대자유를 찾는 청년기의 방황은 시련이지만, 축복이기도 하다. 이미 방황의 꿈을 잃어버린 기성 세대는 아직 꿈꾸고 있는 청년 학생을 깨워 길을 가르쳐줘야 한다는 강박증으로 자신이 잃어버린 꿈의 빈자리를 대체하고 있는 것처럼 보인다. 청년 학생이 일생에 한 번 선사 받은 축복의 시기를 조금이라도 줄이려고 말이다.

청년 학생에게 '좋은' 책을 추천하는 것은 이러한 축복의 시기를 빼앗으려는 시도 중 가장 흔한 것이다. 이미 목적지에 도달한 사회의 저명인사들이 미디어를 통해 자신이 벌판에서 스스로 길을 만들다 발견한 도구와 열매들을 '추천 도서'라는 이름으로 소개하는 것은 기성 세대가 보이는 강박증의 한 모습처럼 보인다. 이러한 강박증은 너무나 자연스러운 것이 되어서 "설교하기를 좋아하는 사회"가 만들어낸 관습의 하나가 되었다.

누군가 청년 학생을 위해 내가 청년 학생일 때 도움을 받았던 책을 소개해달라고 한다면 나는 난처함을 느낀다. 나는 책을 소개하는 대신에 많은 책을 읽으라고 말할 것이다. 벌판에서의 숱한 모색 끝에 단 열매와 유익한 도구를 발견하듯이 많은 책을 접하는 것은 길을 찾는 훌륭한 방법이다. 아직 길이 만들어져 있지 않은 벌판에서 자신의 길을 만들어가는 것은 힘든 일이지만, 남이 만들어준 길을 따라 이미 정해진 목적지를 향해 가는 것보다는 재미있는 일이다.

서점에 가면 나는 항상 두 가지의 상반된 감정을 갖게 된다. 수많은 책에서 풍기는 독특한 향과 색에 휩싸여 세계를 다 품은 듯한 뿌듯함이 하나요, 그 많은 책 중 내가 읽어 본 책은 극히 일부라는 것을 깨닫는 데서 오는 슬픔이 나머지 하나다.

하지만 실제 서점에서 잘 팔리는 책들을 들춰 보다 보면 독특한 향과 색을 가진 책을 찾기가 의외로 쉽지 않다. 잘 먹고 잘사는 법이나 처세술을 가르치는 책, 말초신경을 자극하는 이국적 풍취를 적당히 버무린 잡문들을 아주 쉽게 발견할 수 있다. 이러한 책들의 공통점은 모두 독자에게 설교하고 있다는 것이다. 술 취한 어른들이 아이를 앞에 앉혀 놓고 지루하게 되풀이하는 그 설교와 너무나도 유사한 설교를 말이다. 사소한 것 하나도 가르침을 받고 따르려 하는 것을 뭐라 하긴 어렵지만, 거기에서 '시장의 우상'에 대한 맹목적 추종을 보는 것 같아 마음이 편하지는 않다.

어느 고승은 "눈 덮인 길을 어지러이 걷지 말라."고 했다. 눈 위에 남은 내 발자국이 내 뒤에 그곳을 지나게 되는 사람의 발을 인도할 수도 있음을 알라는 것이다. 멋진 말이지만, 나는 이 말에 동의하지 않는다. 왜 내가 가는 길이 뒷사람의 모범이 되어야 하는지를 알 수 없기 때문이다. 나는 그저 내 길을 갈 뿐이다. 뒷사람도 자신의 길을 가면 될 뿐. 도대체 왜 내가 남의 모범이 되어야 하며 뒷사람은 왜 먼저 간 사람의 뒤를 따라야 하는가? 무엇 때문에 나에게 눈 덮인 길을 어지러이 걷지 말라고 하는가? 눈길에 발자국이 아무리 어지러이 나 있어도 자신의 길을 갈 힘을 가진 사람이 분명 있을 것이다. 그는 또한 남에게 자신의 발자국을 따라 걸으라 하지도 않을 것이다. 나는 모두가 그런 사람이 되기를 바란다.

## 만화라는 안전한 피난처

나는 어렸을 때부터 만화 보는 것을 좋아했다. 당시 아버지는 내가 만화 보는 것을 엄하게 금했기 때문에 항상 몰래 만화방에 드나들었고 그러다 들키면 크게 혼이 났다. 중학교 다닐 때 나는 중간고사나 기말고사 기간이 오길 기다렸다. 시험 기간이 되면 오전에만 시험을 보고 오후에는 자유시간이 주어지는데 그 시간에 만화방에 가서 마음껏 만화를 볼 수 있었기 때문이다. 물론 다음 날 봐야 하는 시험에 대한 걱정을 마음 한구석에 간직한 채로 말이다. 아마도 시험에 대한 부담감 속에서 보는 만화였기에 더 재미가 있었는지도 모른다.

좋아하던 만화 보기를 일시 중단한 것은 고등학교 1학년 때였다. 4월 5일 식목일을 맞이해 여느 때처럼 나는 만화방에 틀어박혀 만화를 봤다. 이현세의 『공포의 외인구단』이 막 만화방에 나올 때였다. 만화를 다 보고 만화방을 나서는데 봄날의 밝은 오후 햇살이 약간 서늘한 기운과 함께 눈부시게 빛났다. "이렇게 아름다운 날 나는 어두운 골방에 갇혀서 무엇을 한 것인가" 하는 생각이 문득 나를 사로잡았다. 그날 이후로 나는 오랜 기간 만화방에 가지 않았다. 한국 만화계에서 가장 유명한 작품 중 하나가 된 『공포의 외인구단』이 막 모습을 드러내는 순간에 나는 만화와의 인연을 잠시 끊은 셈이다. 내가 다시 만화방에 드나들기 시작한 것은 그로부터 한참 후의 일이다.

나는 왜 그토록 만화 보기를 좋아했던가? 1980년대 초 내가 가던 만화방에서는 연탄불에 쥐치포를 구워 팔았다. 쥐치포 특유의 비릿한 노린내가 연탄불 냄새와 어우러져 묘한 맛을 냈다. 만화방 구석의 나무 의자에 쪼그려 앉아 재생 종이의 투박한 질감을 가진 만화책을 넘기며 먹던 구운 쥐치포 맛은 아직도 기억이 난다. 쥐치포를 먹는 것도 큰 즐거움이었지만, 만화에 푹 빠져 만화방을 들락거린 것은 아미도 만화방과 만화책이 가진 구조적 장치 때문이었을 것이다.

만화방에서 만화책을 읽으면 두 개의 안전장치가 나를 보호해주는 듯했다. 우선 만화방이라는 어두침침한 골방은 바깥 세계와 단절된 공간이었다. 바깥의 빛과 소음으로부터 떨어져 아이들로 북적이는 만화방의 한구석을 차지하고 나면 나는 만화가 제공하는 환상적 이야기의 세계로 빠져들 수 있었다.

내가 좋아하던 만화의 주인공은 대개 일상생활의 한계를 초월한 초인이다. 그는 죽음이나 늙음과 같은 문제는 안중에도 없이 항상 똑같은 모습으로 모험을 한다. 그의 시간은 영원히 정지되어 있고 그가 활동하는 공간은 네모 틀로 안전하게 포

위되어 있다. 그는 과거를 여행할 수도 있고 우주를 날아다닐 수도 있으며 죽었다 살아날 수도 있다. 매주 매달 등장하는 새로운 만화에서 언제나처럼 젊고 멋진 모습으로 새로운 악당과 싸우는 영웅의 모습을 보는 것은 정말 즐거운 일이었다.

현실과는 달리 만화책 안의 시간은 정지되어 있고 만화방은 그 정지된 시간을 만끽하도록 만드는 폐쇄된 공간이다. 현실의 일이 정신적으로 스트레스를 줄수록 만화방과 만화가 만들어낸 세상으로 도피하고자 하는 욕망은 커진다. 이것은 아마도 내가 유독 시험 기간 중 만화방을 자주 갔던 이유가 될지도 모르겠다. 저녁에는 시험공부를 해야 하고 다음 날 아침이 되면 시험을 보기 위해 학교에 가야 하지만, 만화방에서 만화에 빠져 있는 동안은 시간이 가지 않는 영원한 현재 속에서 잠시 유예 기간을 가질 수 있기 때문이다. 만화방에서 나는 만화의 영웅과 동일시하며 나를 옥죄는 현실의 구속에서 벗어나고자 했던 것 같다.

인간은 자신의 힘으로는 1미터 이상을 지상에서 떨어져 오르기 힘들며 다가오는 종말의 시간을 피할 수도 없다. 공간 안에 한정되어 있고 시간 안에 구속되어 있는 인간이 자신의 한계를 뛰어넘을 수 있는 곳은 상상의 세계다. 만화는 가장 쉽고 간단한 방법으로 상상의 세계를 구체적으로 보여준다. 시공간의 구속이라는 인간의 태생적 한계는 물론이거니와 어른들이 만들어놓은 제도와 규율에 제약을 받는 아이가 잠시나마 정신적 평화를 찾을 수 있는 곳이 바로 만화방과 만화의 세상인 것이다.

요즘 아이들이 유튜브 콘텐츠나 디지털 게임에 빠져드는 이유도 이와 크게 다르지 않을 것이다. 하지만 무차별적인 빛과 소리의 공격으로 글자 그대로 얼을 빼놓는 게임보다는 그래도 비교적 긴 호흡으로 상상의 세계를 여행할 수 있는 만화책의 세상이 좀 더 안전한 피난처라는 생각이 든다.

\-

*사진 이야기*

2000년대 이후 디지털카메라가 대중화되면서 사진을 즐기는 사람들이 크게 늘었다. 전문가들이 들고 다닐 법한 카메라를 들고 이곳저곳에 렌즈를 들이대는 사람들을 꽤 자주 만날 수 있다. 스마트폰을 이용한 사진 촬영은 숨 쉬는 것과 다를 바 없는 자연스러운 일이 되었을 정도다. 이처럼 사진이 대중적 취미이자 일상생활의 활동이 된 이유로는 크게 두 가지를 들 수 있을 것으로 보인다.

하나는 디지털 기술이 발달하면서 사진의 생산과 소비가 쉬워졌다는 점이다. 대중화된 디지털카메라는 노출, 색상, 초점 등 성공적 사진을 얻는 데 필요한 기술적 고려 사항들을 거의 자동으로 조절해줌으로써 별다른 지식 없이도 기술적으로 흠잡을 곳 없는 사진을 촬영할 수 있도록 해준다. 게다가 사진 촬영 후 즉각 결과를 확인할 수 있고 사진들을 파일 형태로 컴퓨터에 저장하고 모니터를 통해 보정과 감상을 할 수 있다. 소셜미디어 등을 이용해 간단히 수정한 매력적인 사진을 언제든지 친구들에게 공개할 수도 있다. 사진을 촬영하고 감상하고 보관하고 돌려 보는 데 드는 물리적, 경제적, 심리적 부담이 크게 줄어든 것이다.

다른 하나는 한국의 경제적 수준이 전반적으로 향상됨으로써 여가 활동을 즐길 만한 인구가 늘어난 점이다. 여가 활동을 즐길 만한 인구가 늘어났다는 말은 좀 더 정확히 이해할 필요가 있다. 경제 성장 덕분에 여가에 관심을 가진 사람들은 많아졌지만, 그들이 모두 여가를 즐길 만한 충분한 시간과 정신적 여유를 갖지는 않고 있다는 점을 이해해야 한다. 일반 사람은 직장과 사회 내의 경쟁과 사교육비 등의 압박으로 일상생활에서 여가를 즐긴다는 것이 쉽지 않다. 이런 상황에서 사진이 여가 활동을 위한 주요 수단으로 떠오른 것은 별도의 시간을 크게 투자하지 않고도 일상생활 속에서 쉽게 즐길 수 있는 활동이기 때문이다. 경쟁과 교육비 압박을 상대적으로 덜 받는 독신이나 무자녀 부부 등이 특히 사진을 취미 활동으로 적극적으로 선택하는 것도 이런 이유로 설명될 수 있다. 프랑스 사회학자 부르디외는 사진은 중산층이 즐기는 중간예술이라고 말했다.[9]

이처럼 사진은 누구나 쉽고 빠르게 촬영하고 유통할 수 있는 영상이 되었기에 사진에 담기는 대상도 과거와는 많이 달라졌다. 이제 사람들은 일상생활에서 만나는 평범한 것들을 촬영한다. 우리가 매일 보는 주변의 풍경, 음식, 식당, 카페 등 예전에는 굳이 사진으로 남기려 하지 않았던 흔한 것들을 향

9  부르디외, 『중간예술』, 주형일 옮김, 현실문화연구, 2004.

해 카메라를 들이댄다. 자신이 살면서 본 것이 얼마나 아름답고 먹은 것이 얼마나 맛있으며 간 곳이 얼마나 멋진지를 표현하는 사진들이 매일 수 없이 생산되고 보관되고 유통된다. 디지털카메라가 제공하는, 현실보다 과장된 선명한 색, 뚜렷한 선, 적절한 아웃 포커스 등의 기술은 너무나 평범한 것들을 아름답게 재현한다. 유리창에 맺힌 빗방울, 탁자에 놓인 커피잔, 떨어진 낙엽, 푸른 하늘의 구름, 붉은 노을 등을 촬영하는 사람들은 즐거움을 느낀다. 그런 사진을 촬영하는 것은 순수한 아름다움을 추구하는 예술 활동으로 여겨진다.

우리가 생존을 위한 무한 경쟁이라는 각자도생의 길에 내몰리는 와중에 간신히 만들어낸 휴식 시간에 주위에 보이는 사소한 아름다움을 사진에 담기 위해 애쓴다는 것은 흥미로운 일이다. 시각적 아름다움을 추구하는 영상이기는 하지만, 사진은 그림과는 상당히 다르다. 그림을 배우고 그리는 일은 비교적 많은 시간과 돈을 요구하는 반면, 사진을 촬영하는 일은 스마트폰을 통해 갖게 된 고성능의 카메라를 이용하면 누구나 일상생활 중에 간단히 실행할 수 있다. 생존 경쟁 때문에 잠시도 쉴 수 없는 중간 계층 사람들도 일상의 작은 아름다움을 촬영하는 순간만은 마치 상류층처럼 여유로운 예술 활동을 한다는 느낌을 가질 수 있다. 게다가 사진은 대개 우리가 현재 누리는 물질적 풍요나 생활의 여유를 과시하는 데 적합한 것들을 담아 쉽게 보여줄 수 있는 최적의 수단이기도 하다.

사진이 과거나 미래를 위해 현재를 포착하는 영상이라는 점도 우리가 무의식적으로 사진을 선호하는 이유일 수 있다. 우리는 현재를 미래에서 소비하기 위해 과거로 사라지는 현재를 카메라로 촬영한다. 사진을 촬영하는 순간 사진에 담기는 대상은 이미 소멸한다. 사진에 담긴 순간의 나는 필연적으로 과거의 내 모습이 된다.

　현재 대상의 생생함을 담고자 한 사진은 역설적으로 그 대상의 영원한 상실을 상기시키며 죽음의 공포를 피할 수 없게 되살린다. 프랑스 사상가 바르트가 죽은 어머니의 사진이나 오래전 사형된 사형수의 사진을 보고 느꼈던 감정이 그런 것이다.[10] 사진은 현재를 위한 것이 아니라 과거와 미래를 위한 것이다. 그것은 영상을 통해 현재의 것이 존재했음을 미래를 위해 남기고자 하는 욕망의 산물이다. 현재 자신이 이룬 것에 대해 항상 불안해하고 더 풍족한 미래에 대한 갈망으로 가득 찬 중산층에게 사진은 적어도 일시적인 심리적 안정감을 제공하는 기능을 한다.

　사진은 이미 과거가 되어버린 현재를 아름답게 미화하면서 현재 상황에 대해 진지하게 생각하는 일을 한없이 뒤로 미룬다. 지금 우리에게 닥친 문제에 대해 근원적 질문을 던지는 일은 현재의 일상들을 화려하고 소란스럽게 파편적으로 재현하는 사진들 앞에서 잊힌다. 혹시나 본질적 문제를 조금이나마 상기시킬 우려가 있는 사진이 촬영되면 아름답지 않고 불쾌감

10　바르트, 『밝은 방』, 김웅권 옮김, 동문선, 2006.

을 준다는 이유로 즉시 삭제된다. 이렇게 해서 사진은 현실을 기록한다는 핑계 속에서 끊임없이 현재로부터 우리가 도주하는 일을 방조하고 부추긴다.

-

*빛나는 세상 속 아이*

　내가 어렸을 때 텔레비전 방송은 주말이나 공휴일을 제외하고는 저녁 6시 이후에야 시작되었다. 6시부터 9시 뉴스가 시작될 때까지 나는 텔레비전 보는 일에 열중했다. 텔레비전 수상기 앞에 누워 있으면 마치 텔레비전 화면 안으로 내가 빠져드는 듯했다. 나는 그 느낌을 즐겼다. 9시 뉴스가 시작되면 바로 잠을 잤으니 어릴 적 내 저녁 생활은 텔레비전 보기로 가득 차 있었다고 해야 할 것이다. 좋아하는 프로그램을 방영할 때면 친구와의 약속을 거부하고 전화 받는 것도 포기하고 텔레비전 보기에 열중했다. 특별한 일이 없다면 텔레비전을 보며 시간을 보냈으니 텔레비전에 중독된 시청자라고 할 만했다.

　텔레비전은 빛을 발하는 영상이다. 어두운 방을 환히 밝힐 정도로 빛이 나온다. 눈이 부신 빛 속의 세계는 상상의 세계이기도 하고 익숙한 세상이거나 낯선 현실의 세계이기도 하다. 그리고 그 세계는 아름답다. 텔레비전을 보는 동안 나는 빛을 발하는 세계 속에 사는 사람들과 함께 같은 공간과 시간을 공유한다고 느낀다. 텔레비전을 끄면 빛은 사라지고 다시 현실의 적막이나 소음이 우리를 둘러싼다.

불빛 속에서 움직이는 아름다운 영상을 보며 즐거움을 느끼는 것은 우리만이 누리는 특권은 아닐 것이다. 어떤 사람은 선사 시대의 사람들이 흔들리는 햇불 아래에서 동굴벽화를 볼 때도 비슷한 즐거움을 누렸을 것이라 말한다. 그들은 햇불이 흔들림에 따라 그림이 움직이는 듯 보이는 착시 현상을 즐겼을지도 모른다. 그렇다면 당시 동굴벽화를 보는 것은 오늘날 영화나 텔레비전을 보는 일과 비견될 만한 상당히 즐거운 일이었을 것이다. 주술의 수단으로 사용될 때는 두려움의 대상이었을 영상이 어쩌면 오락을 위해 사용되었을지도 모를 일이다.

이제 텔레비전 영상은 인터넷과 만나 다양한 미디어를 통해 제공되는 디지털 동영상 서비스로 진화했다. 지구 곳곳에서 낮과 밤을 가리지 않고 집에서, 학교에서, 사무실에서, 지하철에서, 버스에서, 비행기에서, 인간이 머물 수 있는 모든 곳에서 번쩍이는 영상을 제공하는 디지털 미디어는 이제 단순한 미디어가 아니라 하나의 현상이다. 프로그램 단위의 비평이나 방송 제도라는 측면에서 텔레비전이나 디지털 영상 서비스에 접근하는 것은 이 지구적인 현상이 인간에게 미치는 영향을 제대로 포착하지 못하는 일일 수도 있다.

아이가 매일 엄청난 집중력을 발휘하며 시청하는 것은 동영상 서비스의 어떤 프로그램이 아니라 영상 자체다. 아이는 화면의 번쩍임이 심할수록 그 세계에 몰입하는 것처럼 보인다. 아이가 광고를 특히 좋아하는 것은 광고가 가장 번쩍임이 심한 화면을 제공하기 때문일 것이다. 아침에 일어나서 밤에 잠이 들 때까지 집, 거리, 사무실에서 습관적으로 텔레비전을 켜고 스마트폰, 패드, 컴퓨터 모니터를 들여다보는 사람들이 보고자 하는 것은 특정한 프로그램이라기보다는 빛나는 영상 자체다. 디지털 디스플레이 기기가 내보내는 번쩍이는 영상과 웅웅거리는 소리는 어떤 사람에게는 쾌락의 세계로 인도하는 반가운 것이지만, 다른 사람에게는 현실 세계의 삶을 방해하는 귀찮은 것이다. 디지털 동영상을 좋아하든 싫어하든 그것을 보지 않고 세상을 살아간다는 것은 사실상 불가능하다.

물이나 공기처럼 일상적인 환경이 되어버린 디지털 동영상은 특정한 프로그램이나 제도를 통해 우리의 생각이나 행동에 영향을 미치기 전에 이미 지각의 차원에서 영향력을 발휘한다. 영상과 소리가 나타나는 방식 자체가 우리의 지각에 영향을 미친다.

영상이 제공하는 쾌락의 특징은 그것이 허구 세계의 경험을 통해 얻어지는 쾌락이라는 것이다. 그것은 현실 세계에서 내 몸을 통해 직접 느끼는 쾌락이 아니라 시각적 자극에 의한 가상의 경험을 통해 얻는 쾌락이다. 이런 영상 속에서는 커뮤니케이션 자체가 일종의 시각적인 쇼가 되어버린다. 상황주의 인터내셔널 운동을 이끌었던 드보르가 잘 지적했듯 영상으로 가득 찬 '스펙터클의 사회'는 실제 세계의 사회적 관계들을 부정한다. '스펙터클의 사회' 안에서 사람들은 현실의 제약들을 끝없이 회피하고 사회적 관계를 부정하면서 쾌락의 원칙에 따라 나르시시즘의 상상 세계로 퇴행한다.[11]

디지털 미디어는 현실의 시간과 공간을 소리와 영상을 통해 재현해 세계 어느 곳에나 전달한다. 동영상이 우리에게 제시하는 세계는 보이는 그대로의 현실이라고 생각될 만큼 대단히 사실적인 모습을 갖는다. 카메라가 특정한 방식으로 촬영한 영상은 그 자체로 대상을 아름답게 재현한다. 카메라로 촬영된 것은 모두 아름답다. 이런 영상은 현실의 잔혹한 면들을 제거해버린다.

기술 발달로 영상은 선명해지고 색상은 현실의 것보다 더 화려해졌다. 음향 효과까지도 현실보다 더 강렬한 진동을 옴 몸으로 느끼게 해준다. 하지만 우리를 영상 속으로 빨려들게 하기 위해서는 그것만으로는 부족하다. 좀 더 빠르게 영상을 전환하고 극단적 클로즈업과 순간적 줌인, 줌아웃을 활용하면서 우리가 잠시도 시선을 화면에서 떼지 못하게 해야 한다.

"당신이 바로 그곳에 있는 것" 같은 느낌을 주는 영상이 현란한 속도로 변화하면서 우리를 글자 그대로 흡입해버린다. 이런 영상에 몸과 마음을 지배 당하지 않는다면 오히려 이상할 것이다. 기술이 발달할수록 더 사실감을 주는 영상이 개발되고 영상을 만든 의도는 보이지 않게 된다. 영상은 스스로 투

11    드보르, 『스펙타클의 사회』, 이경숙 옮김, 현실문화연구, 1996.

명해진다. 우리는 영상 앞에서 영상이 아닌 현실을 본다는 환상에 빠져들며 자발적으로 영상을 숭배한다. 어릴 적 내가 작은 텔레비전 앞에서 그 영상 속으로 들어가는 환상을 경험했듯이 지금 우리는 아주 자연스럽게 디지털 영상의 세계에 동참하고 있다. 사방에서 우리를 둘러싸고 있는 영상 앞에서 현실은 존재감을 잃어가고 있다.

—

## 인공지능과 인간

　이세돌과 인공지능 기계 사이의 바둑시합이 화제였던 적이 있다. 인간의 자존심을 건 시합이라고 말이 많았지만, 냉철히 따져보면 인간은 이미 오래전부터 기계에 모든 면에서 뒤처져 있었다. 힘, 속도, 정교함, 논리적 계산 등 도구적 능력의 차원에서 인간이 기계를 이길 수 있는 영역은 없다. 기계에 맞선 인간의 철저한 패배는 역설적으로 인간이 기계와 다른 점이 무엇인가에 대한 질문을 던진다.

　인간을 기계 혹은 다른 동물들과 비교할 때, 독특한 존재로 만드는 것은 생각하는 능력이다. 인간은 어떤 자극 앞에서 "왜?"라는 질문을 던지고 스스로 답을 찾고자 하는 유일한 존재다. 아무리 뛰어난 인공지능이라 할지라도 자극에 대해 단순히 반응할 뿐 스스로 "왜?"라는 질문을 던지지는 못한다. 바로 그 질문을 던지기 때문에 인간은 망설이고 실수할 수 있으며 절망하거나 행복할 수 있다. 기계든 동물이든 "왜?"라는 질문을 던질 수 있다면 그 순간부터 인간의 지위를 갖게 된다고 할 수 있을 것이다.

그런데 "왜?"라는 질문을 던지는 행위는 타고 난 것이 아니라 교육 받는 것이다. 인간은 그런 질문을 던질 수 있는 능력을 갖고 태어나지만, 누구나 그런 질문을 던질 줄 아는 것은 아니다. 자극에 단순히 반응하는 것을 넘어서서 자극 자체에 대해 생각할 수 있을 때 이 질문은 가능해진다. 교육이란 외부의 자극에 대해 끊임없이 생각하도록 만드는 것이다. 자극에 단순히 반응하는 생물학적 인간을 생각하는 사회적 인간으로 만드는 일이 교육의 본질이라 할 것이다. 우리가 흔히 인문학이라고 부르는 것은 이 본질적 교육의 내용을 구성하는 학문이다. 그래서 인문학이라고 하지만, 사실은 인간학humanities이 더 정확한 명칭일 것이다.

인간학, 즉 인문학이 중요한 이유는 그것이 생각하는 능력을 길러주는 교육의 핵심을 차지하기 때문이다. 두보의 시를 아는지, 헤겔의 변증법을 이해하는지는 사실 중요한 것이 아니다. 우리가 어떤 사람을 인문학적 소양이 부족하다고 비난할 때, 그가 『목민심서』의 내용을 모른다거나 톨스토이 소설을 읽어보지 않았다는 것을 지적하지는 않는다. 비난의 핵심은 바로 그가 인간과 사회에 대해 "왜?"라는 질문을 할 줄 모른다는 것, 다시 말해 생각하는 능력을 보여주지 않는다는 점에 있다.

일상생활이나 취업에는 직접적 도움이 안 되는 고전이나 철학, 역사 등에 대한 교육이 중요한 이유는 구체적 지식의 습득과는 무관하게 그런 공부 자체가 "왜?"라는 질문을 하는 힘, 생각하는 힘을 길러주기 때문이다. 도구나 수단으로서의 지식과 기술 안에서는 "왜?"라는 질문이 불필요하다. 그렇기에 그 분야에서는 이미 기계가 인간을 압도하고 있다. 발달한 인공지능을 가진 기계들이 도구적 지식이 필요한 자리를 차지하는 것도 당연한 일이다.

　이제 인간은 자신보다 뛰어난 기계를 만들고 통제해야 하는 문제에 봉착했다. 생각하는 능력을 길러주는 인문학 교육에 기대지 않는다면 이 문제를 해결하기 힘들 것이다. 이미 모든 면에서 기계가 인간을 초월한 상황에서 인문학적 소양을 기반으로 하지 않는 도구적 기술과 지식 교육은 기계보다도 못한 인간을 길러낼 뿐이며 결국 인간 자신을 파멸로 이끌 것이기 때문이다. 도구적 지식에 압도 당한 사람들이 인간을 열등한 기계로 만드는 교육을 계속 기획하는 현재는 암울한 미래를 앞서 보게 만든다. 클릭 몇 번으로 세상의 모든 지식을 불러올 수 있는 시대에 중요한 것은 클릭하는 방법이 아니라 "왜 클릭해야 하는가?"라는 질문을 던질 줄 아는 힘을 갖는 것이다.

—

## 부자 아빠는 어디에서 꿈꾸는가?


　아름답고 행복이 넘치는 세상을 보고 싶으면 광고를 보면 된다. 광고가 보여주는 세상의 사람들은 모두 행복하고 건강하며 부유하다. 그 세상은 건강, 행복, 풍요, 웃음이 언제나 가득하다. 생존하는 것이 아니라 정말로 삶을 사는 사람들로 넘친다. 하지만 광고를 보는 우리가 그 사람들을 흉내 내기 위해서는 엄청난 생존 전쟁을 치러야 한다.

　광고는 밝고 긍정적 이미지들을 이용함으로써 안락함, 편안함, 효율성, 행복, 그리고 성공의 분위기를 제공한다. 특정한 상품이나 서비스를 소유하거나 이용하면 그것을 얻을 수 있다. 이 냉장고를 쓰면 생활이 편안해지고 저 화장품을 쓰면 나날이 젊고 아름다워지며 그 자동차를 타면 모두가 부러워하게 된다. 결국 광고는 냉장고를 파는 것이 아니라 편안함을, 화장품이 아니라 아름다움을, 자동차가 아니라 위신을, 그리고 항상 '사회적 지위'를 판다. 광고가 약속하는 사회적 지위를 얻기 위해 우리는 생존 경쟁에서 승리해야 한다.

　광고는 특정 상품을 보여주는 것이 아니라 항상 유머, 행복,

건강, 평화, 아름다움이 가득한 세계를 보여준다. 특정 상품에 대한 특정한 메시지를 전달하기보다는 상품 일반에 대한 '물신적 숭배' 경향을 조장하는 것이다. 광고는 상품의 구매와 소유가 나에게 행복과 위신을 갖다 준다고 세뇌한다. 따라서 상품은 갖고 싶은 것이고 나를 행복하게 하는 것이 된다. 광고를 통해 상품이 숭배의 대상이 되는 것이다.

상품 소비가 제공하는 행복은 경제적 풍요함을 누리는 것에서 비롯된다. 광고업계 관계자들에 따르면 경제적으로 풍요로운 삶을 보여주는 광고는 대중의 욕구를 대리만족시켜주고 자연스럽게 상품의 소비를 유도한다. 광고의 세계에서 모델이 표현하는 행복감이 상품 소비를 통해 얻어진다고 사람들이 생각하면 그들은 현실 세계에서 같은 상품을 소비함으로써 광고의 모델이 표현한 행복감을 얻으려 할 것이다. 광고업자의 시도가 성공한 셈이다. 하지만 이 과정에서 결과적으로 경제적 부를 개인의 능력을 평가하는 척도로 여기는 사회적 가치가 재생산된다.

광고가 아니더라도 이미 우리 사회에는 "돈이 있으면 모든 것이 가능하다."라는 생각이 팽배해 있다. 한편에서는 실업자가 양산되고, 다른 한편에서는 주식, 부동산 등으로 쉽게 돈을 버는 사람들이 쏟아져 나오면서 경제적 부에 대한 열망은 커지고 있다. 지속적인 구조 조정으로 중산층이 몰락하고 주가 급등과 급락, 부동산 가격 상승으로 빈부 격차가 더욱 심해지면서 돈을 향한 사람들의 욕망은 커지고 있다. 월급쟁이는 절대 부자가 될 수 없다고 생각한 사람들은 두 개의 직업을 갖는 투잡스족이 되거나 직장을 버리고 창업 전선에 나선다. 주식이나 가상화폐에 투자하며 한탕을 노리기도 한다. 각종 미디어에서는 돈 버는 법, 재테크 성공 사례 등을 주요한 기사로 다루고 성공한 부자들의 화려한 삶을 본받아야 할 모범인 양 제시한다.

돈보다 지적인 능력이나 인품, 교양, 명예 등에 더 가치를 두는 사람을 보기가 어려워진다. 공공연히 돈을 벌고 싶다는 소망을 피력하는 것이 이제는 자연스러운 일이 되었다. 돈만 벌 수 있다면 체면이고 염치고 따지지 않는다. 곳곳이 돈을 벌기 위한 난개발로 파헤쳐지고 있고 아파트 분양 행사장은 한몫 잡으려는 사람들로 북새통을 이룬다. 내국인 출입이 가능한 도박장, 경마장 등에서는 많은 사람이 요행수를 찾아 잠을 설친다. 짧은 시간에 벼락부자가 된 사람들은 수백만 원이 넘는 브랜드 제품들로 몸을 치장하고 호화 해외 여행을 다니며 부를 과시한다.

광고는 여전히 경제적 풍요 속에서 행복에 겨워하는 사람들의 모습을 되풀이해 보여준다. 사랑하는 이에게 보여줄 능력이 호화 유람선 여행이라고 말하는 광고, 부자 아빠가 가족을 행복하게 해 줄 수 있다고 말하는 광고는 하루하루를 힘겹게 살아가는 사람들을 무능력하고 초라한 사람으로 만든다. "아빠는 왜 부자가 아니야?"라고 진지하게 물어오는 자식에게 평범한 직장인이 무슨 말을 해줄 수 있겠는가? "이 물건을 사줄 능력이 없으면 좋은 남편과 좋은 아빠가 되지 못한다."는 도식이 광고 안에서 당연한 진리처럼 되풀이되며 전파되는 상황에서 가난한 아빠들은 무엇을 꿈꾸는가?

가부장적 자본주의 체제 속에서 개인의 능력을 경제적 가치로만 환산하려 하는 풍조는 가장들의 목을 죄어오고 광고가 제시하는 부의 기준에 부합하기 위해서는 일확천금을 바랄 수밖에 없는 현실의 상황은 자조적인 한탕주의를 낳는다. 광고가 제시하는 행복한 삶의 기준에 현저히 미달한 사람들은 지하철 구석에서 복권을 긁거나 모니터를 통해 접하는 주식 시세에 일희일비한다. 이렇게 부자가 되기를 갈망하는 이들에게 광고는 젊고 건강하며 행복에 겨워하는 이상적인 부자들의 삶을 구체적으로 제시하면서 끝없이 소비를 부추긴다.

광고 속 아름다운 세상 속에 사는 자신을 꿈꾸며 부자 되기 경쟁에 뛰어드는 일이 우리의 삶을 풍요롭게 만들까? 치열한 경쟁과 스트레스, 과욕 속에서 몸과 마음만 피폐해지지 않는가? 정작 부자가 되기 위한 우리의 엄청난 노력과 에너지로부터 이익을 챙기는 것은 누구인가? 우리는 광고를 보며 부자를 꿈꾸지만, 실제로는 광고 뒤에 있는 다른 부자를 위한 충실한 소비자가 된다. 부자를 꿈꾸는 우리는 광고 속 부자의 이미지를 소비할 뿐이다. 아무리 광고의 화려한 세상을 꿈꾸며 상품을 소비해도 우리의 삶은 풍요로워지지 않는다. 삶은 경쟁 속에서 생존하는 일이 아니기 때문이다.

-
## 스펙터클 속 청소년

 발달한 자본주의 사회에서 물질적 풍요를 누리는 오늘의 젊은 세대는 행복한가, 아니면 불행한가? 질풍노도의 시기. 아직 자본주의 사회의 성실한 노동자가 되지 않은 청소년은 휘몰아치는 바람과 거센 파도처럼 아주 쉽게 폭주할 수 있다. 더구나 폭주를 위한 물질적 기반이 마련된 발달한 자본주의 사회에서라면 말이다.

 노동자로서의 사회적 책임을 진 어른도 아니고 마음껏 성장할 기회를 부여 받은 철없는 어린이도 아닌 청소년은 자본주의 사회가 만든 불안한 존재다. 생물학적으로는 성인과 차이가 없지만, 사회적으로는 미성숙하다고 평가되는 존재인 청소년은 자연과 사회가 충돌하는 지점에 놓여 있다. 사회적 책무를 면제 받고 있다는 점에서 그는 행복하지만, 자연적 욕구를 억압 받는다는 점에서 그는 불행하다.

 청소년이 사회적으로 미성숙하다고 평가 받는 것은 그가 아직 노동자로서 갖춰야 할 지식과 능력을 다 습득하지 못했기 때문이다. 하지만 그는 성인과 같은 생물학적 활동 능력과 사회적 욕구를 갖는다. 노동자가 되기에는 아직 부족하다고 평가된 청소년은 생산의 의무에서 벗어난다. 하지만 그는 생리적, 사회적 욕구를 해결하기 위해 소비할 권리를 갖는다. 생산의 의무 없이 소비의 권리만을 부여 받은 청소년은 반쪽짜리 시민으로서 자본주의 사회의 가장자리에 서 있다. 하지만 바로 그렇기에 미디어의 중심부에서 매개된다.

생산의 의무에서 자유롭기에 청소년은 사회적 착취에서 벗어나 있다. 하지만 동시에 온전한 사회인으로 인정 받지 못한다. 노동 시장에 편입되기 전까지 청소년에게 주어진 유예 기간에 청소년은 착취에서 자유롭다. 그동안 청소년은 자신을 실현할 기회를 얻게 되지만, 노동 시장으로의 편입을 준비하는 사회적 소수자일 수밖에 없기에 여전히 불안정한 존재다.

이러한 모순적 상황 속에서 청소년은 희망과 절망을 동시에 경험한다. 청소년은 무엇이든 할 수 있고 될 수 있다는 희망으로 가득 찬 역동적인 시기를 보내기도 하지만, 아무것도 할 수 없고 될 수 없다는 절망 속에서 몸부림치기도 한다. 청소년기라는 불안정한 과도기를 만들어낸 자본주의 사회는 이 어정쩡한 늪 속에 빠져 허우적거리는 젊은 세대가 가진 잠재적인 파괴력을 통제하기 위해 엄청난 노력을 기울인다. 그들에 대한 사회적 통제의 성공 여부에 자본주의 사회의 존망이 걸려 있기 때문이다.

청소년이 느끼게 되는 가장 근원적인 절망은 다음과 같은 사실에서 온다. 그것은 사회가 요구하는 대로 훌륭한 노동자가 되기 위해 노력할수록 자기 자신의 진정한 삶의 부분들이 조금씩 파괴되어 간다는 것이다. 사회가 정해준 규칙에 따라 성공적으로 자신을 노동자로 만드는 이른바 '모범' 청소년조차도 그 절망감을 느낀다. 비록 성공에 대한 사회적 보상이 빠르게 절망감을 상쇄해주긴 하지만 말이다. 그것은 마치 죽음에 대한 감정과도 같다. 아무리 행복한 사람도 닥쳐올 죽음에 대한 절망감을 찰나나마 느끼기 때문이다.

이 절망감의 본질을 그 자체로 파악하는 청소년은 드물다. 대개 청소년은 막연한 불안감 속에서 절망적 상황에 본능적으로 반응한다. 청소년은 하루 빨리 노동자가 되어 막연한 불안감에서 벗어나고자 하지만, 현실에서 접하는 노동자의 참담한 생활은 그를 더욱 불안하게 만든다. "어른이 된다"는 것에 대한 청소년의 동경과 두려움은 이렇게 만들어진다.

이 정신적 혼란 상황에서 벗어나기 위해 청소년은 노동과 전혀 관련이 없는 것처럼 보이는 제3의 대상에 몰두한다. 청소년을 통제할 필요를 느끼는 사회는 이러한 청소년의 성향을 적극적으로 이용한다. 노동과 관련이 없어 보이는 각종 놀이 활동이 청소년에게 제공되고 권장된다. 사실 그 놀이들은 그 자체로 훌륭한 노동자를 만드는 데 필요한 덕목들을 길러주는 기능을 하거나 청소년의 전복적 파괴력을 제거하는 기능을 한다.

자본은 청소년의 이러한 특성에서 새로운 이윤 창출의 기회를 포착한다. 성인과 같은 생물적, 사회적 욕구를 갖고 있을 뿐 아니라 불안감에서 벗어나기 위해 열정적으로 몰두할 대상을 찾고 있는 청소년은 훌륭한 소비자다. 게다가 자본의 입장에서는 다행히도 청소년은 소비의 권리를 박탈 당하지 않았다. 비숙련 노동자로서 청소년은 돈을 벌 기회는 제한 받지만, 돈을 쓸 기회는 보장 받는다. 돈의 가치는 주인을 가리지 않고 동등하다. 청소년은 생산의 영역에서 소외되고 사회 안에서 소수자로 머물지만, 소비의 장에서는 존중 받는 소비자다.

성인의 수입에 기생하는 소비자로서 청소년이 소비할 수 있는 것은 그리 많지 않다. 생활과 관련된 주요한 소비들이 성인에 의해 행해지고 청소년은 그러한 성인의 소비에 기생하기 때문에 청소년은 의식주와 관련된 필수적 소비가 아닌 부가적 소비에 몰두한다. 저렴한 문화 상품은 청소년이 가장 선호하는 것이다. 청소년은 가수, 배우, 스포츠 선수들에 열광하고 그들과 관련된 상품들을 지칠 줄 모르고 소비한다. 이 특정 직업인들에 대한 청소년의 열정과 소비 욕구를 가장 효율적으로 현금화하기 위해 자본은 미디어를 이용한다.

미디어는 연예인, 스포츠 선수, 유명인들과 청소년 사이의 만남을 매개한다. 미디어를 통해 그중 몇몇이 스타의 지위를 부여 받고 그들의 삶은 스펙터클로 전환되어 상품의 재료이자 상품 자체가 된다. 이 상품의 주요한 소비자로서 청소년은 미디어의 중심부에서 매개된다. 사회에서는 소수자인 청소년이 미디어 환경에서는 다수자의 권력을 누린다. 하지만 청소년은 다수자의 권력을 직접 행사하지 못한다. 그 권력은 미디어에 의해 매개될 수 있을 뿐이다. 이러한 점에서 청소년은 미디어 환경 안에서도 여전히 자신으로부터 소외되어 있다.

청소년은 스타에 열광하고 그러한 열광은 미디어에 의해 매개되면서 강한 소비 욕구로 전환된다. 자본은 그 욕구를 충족해줄 만한 상품들을 마련한다. 청소년은 미디어를 통해 소비의 주체로 거듭 태어나지만, 그것이 청소년을 자기 삶의 주체로 만들지는 못한다. 오히려 청소년은 미디어가 제공하는 스펙터클의 소비자로서 자신의 삶조차도 스펙터클로 만들어버린다. 끊임없이 스타를 모방하면서 스타의 모습과 목소리를 자신의 것으로 삼는다. 스타와 그의 목소리 자체가 이미 스펙터클이라는 점에서 청소년은 스펙터클의 한 부분으로 자신의 삶을 축소하게 되는 것이다.

발달한 자본주의 사회에서 청소년은 매우 불안정한 지위를 갖고 있다. 미디어는 삶에 대해 불안해하는 청소년을 스펙터클의 세계로 유인해 스타와의 일치를 통해 허구적 안정감을 느끼도록 만든다. 이것은 청소년의 불안정한 힘이 기존 체제를 위협하는 것을 막고자 하는 자본주의 사회의 노력에 부응하는 일이다. 청소년의 불안감은 미디어를 통해 매개되면서 스펙터클 안에서 무아의 희열로 변환된다. 이것은 청소년이

숙련된 노동자로 승인 받을 때까지 청소년을 '착한 아이'로 유지하는 좋은 수단이다.

'착한 아이'는 '착한 노동자'가 된다. 스타의 스펙터클을 소비하는 동안 청소년이 아무런 불만을 느끼지 않는 것처럼 스펙터클의 논리에 순응하는 착한 노동자는 소비할 수 있는 능력이 보장되는 한 행복하고 온순하다. 미디어의 스펙터클에 자기를 맡기는데 익숙해진 청소년은 순종적 노동자가 된다. 소비의 스펙터클에 삶을 맡기고 허구의 행복을 만끽하는 착한 노동자가 된다.

하지만 스펙터클은 완전한 자아일치라는 행복감을 제공하지는 못한다. 스펙터클은 불안감을 잠시 은폐할 뿐 해소해주지 않기 때문이다. 청소년이 행복감을 느끼는 것은 스펙터클 속에서 스타와 자신을 일치시키고 상품을 소비할 때뿐이다. 스펙터클이 끝나고 소비가 완료되면 청소년은 다시 불안정한 상황 속에 있는 자신을 발견하고 절망한다. 이 피할 수 없는 절망감을 좀 더 오래 떨치기 위해 청소년은 스펙터클 속에서 스타를 소비하는 것을 자신의 존재 이유로 삼기까지 한다. 좀 더 길고 확실한 소비를 위해 청소년은 자신의 모든 시간을 투자한다. 때로는 소비 능력을 확보하기 위해 사회적 교육의 인증 과정을 거치지 않고도 접근할 수 있는 성매매와 같은 노동의 길을 택하기도 한다. 이렇게 청소년은 자신의 삶에서 벗어나 스펙터클의 세계 속으로 편입된다. 정말로 '착한 아이'가

되는 것이다.

아이가 스펙터클의 세계에 저항할 방법은 있는가? 어떻게 청소년의 전복적 파괴력을 강렬한 소비 욕구로 전환하지 않고 고스란히 청소년 자신의 삶을 위해 사용하도록 만들 수 있는가? 청소년이 생존을 거부하고 삶을 선택할 수 있는 길은 무엇인가? 청소년 문제를 해결하고자 한다면 우선 이 질문에 대한 답을 찾아야 할 것이다.

‒
유혹

"유혹은 권력보다 강하다." 프랑스 사상가 보드리야르가 한 말이다.[12] 예로부터 유혹은 여성적인 것이고, 권력은 남성적인 것으로 여겨져 왔다. 권력은 체계적이고 직선적이며 생산적인 것이고 상승하고 증가하며 축적되는 것이다. 권력은 정해진 목표를 향해 오로지 전진만을 한다. 권력은 한없이 팽창하려 한다. 후퇴하는 것, 뒤돌아가는 것은 권력에게는 패배를 의미한다. 그런 점에서 권력은 욕망이나 생산과 닮았다.

　욕망은 섹스를 통해 충족되고자 한다. 섹스는 쾌락을 생산하기 위해 육체를 움직이는 작업이다. 더 많은 쾌락을 얻기 위해 더 큰 욕망을 실현하기 위해 육체는 체계적으로 관리되고 조작되고 탐구된다. 섹스는 욕망을 실현하기 위해, 다시 말해 "끝을 보기 위해" 행해진다. 도중에 중단되거나 섹스 이전 상태로 되돌아가는 것은 실패를 의미한다. 그러나 사정이나 오르가슴으로 섹스가 끝이 난다 하더라도 그것이 욕망의 실현을 의미하지는 않는다. 섹스가 끝이 나더라도 욕망은 충족되지 않으며 더 커진 욕망이 더 많은 쾌락을 요구하며 다른 육체를,

12　보드리야르, 『유혹에 대하여』, 배영달 옮김, 백의, 2002.

다른 섹스를 요구한다.

생산은 어떤 상태의 물질을 다른 상태의 물질로 만들어서 더 큰 가치를 창출해내는 작업이다. 생산량과 생산성은 항상 증가해야만 하는 것이다. 증가하는 생산량과 생산성에 비례해 창출되는 가치도 증대된다. 생산량과 생산성이 감소하는 것은 곧 가치와 이윤의 하락을 의미한다. 계속해서 증가하고 성장하면서 가치와 이윤을 축적하지 못하는 생산은 결국 중지된다. 그 생산은 실패한 것이다. 작년에 10조 원을 벌던 기업이 올해 8조 원을 벌었다면 그 기업은 위기에 처했다는 평가를 듣는다.

남성이 지배하는 가부장적 사회에서 그동안 권력, 욕망, 생산은 끝없이 추구되고 부추겨져 왔다. 남성은 권력의 주체로서, 욕망의 주체로서, 그리고 생산의 주체로서 세상을, 여성을, 기업을 지배해왔다. 반면 여성은 권력의 대상, 욕망의 대상, 그리고 생산의 대상으로서 지배 당하며 '고작' 남성을 유혹하는 일밖에는 할 수 없었다. 물론 여기에서 남성과 여성은 생물학적 성이라기보다는 사회적 속성으로 이해해야 한다. 상당 부분 생물학적 성과 일치하긴 하지만, 모든 여자가 여성에 속하고 모든 남자가 남성에 속하는 것은 아니라는 말이다.

그런데 정말 여성은 '고작' 남성을 유혹하는 일밖에는 할 수 없었나? 우리가 유혹의 숨겨진 힘을 안다면 '고작'이란 표현을 쓰기 어려워질 것이다. 유혹은 모든 면에서 권력이나 욕망,

생산과는 반대되는 속성을 갖는다. 유혹은 순환적이다. 그것은 항상 전진하고 상승하고 축적하고 증가해야만 하는 것이 아니라 언제든지 후퇴할 수 있고 되돌릴 수 있는 것이다. 유혹은 체계적이지 않다. 그것은 어떤 목적을 위해 조직될 수 없다. 다시 말해 유혹은 어떤 의미도 갖지 않는다. 이러한 순환성, 비체계성, 비논리성, 가역성, 무의미성은 유혹이 가진 근원적인 파괴력의 기반이 된다.

권력, 욕망, 생산이 일의 영역에 속한다면, 유혹은 놀이의 영역에 속한다. 일이란 어떤 의미, 개념, 논리, 질서를 기반으로 이뤄진다. 반대로 놀이는 무의미, 무개념, 무논리, 무질서의 행위다. 일이 즐거우려면 그 안에서 어떤 의미를 발견해야 한다. 반면 놀이가 즐거운 것은 어떤 의미가 있어서가 아니다. 그냥 아무 의미 없이 즐거운 것이다. 그런데 의미와 무의미, 개념과 무개념, 질서와 무질서가 싸운다면 어떻게 될까? 의미(개념, 질서)는 무의미(무개념, 무질서) 안에서 소멸될 수밖에 없다.

아이들에게 무언가를 금지할 때, 그 금지 자체가 유혹으로 작용하는 것을 흔히 볼 수 있다. 아이들에게 금지의 의미(내용)는 중요하지 않다. 단지 그것이 금지이기 때문에 위반하고 싶어지는 것이다. 금지라는 기호 자체가 아이들을 유혹한다. 기호가 담고 있는 의미는 전혀 고려의 대상이 되지 않는다. 이런 점에서 유혹은 순수한 기호 차원에서 이뤄지는 상징적 행위라고 할 수 있다. 이것은 권력, 욕망, 생산이 실재를 다루면서 현실의 구체적인 결과물을 만들고자 하는 것과 대조된다.

유혹은 끊임없이 이어지는 상징적 교환 행위며 승자와 패자를 가르는 경계가 없는 놀이다. 북아메리카의 인디언 사회에는 포틀래치<sup>potlatch</sup>라는 축제가 있었다. 이 축제에서 부족장은 자신의 부를 과시하기 위해 다른 부족장이 보는 가운데 자신의 재산을 주거나 버리거나 파괴한다. 상대 부족장은 그보다 더 많은 재산을 주거나 파괴하면서 자신의 부를 과시한다. 결국 남보다 더 많은 재산을 파괴한 부족장이 승리하게 된다. 유혹도 이와 비슷하다. 남보다 더 많은 기호로 치장하고 남보다 더 많은 사랑을 주는 사람이 결국 남을 유혹할 수 있다. 유혹은 남의 것을 빼앗고 모으는 과정이 아니라 끝없이 자신을 남보다 더 소모하는 과정이다.

권력은 남보다 더 많은 가치를 생산하고 획득하고 축적하기 위해 질서를 구축하고 의미를 조직하고 개념을 체계화한다. 이런 권력에 유혹이 스며들면 질서는 무너지고 의미는 해체되며 개념은 사라진다. 팽창하고 획득하고 축적하지 못하는 권력은 죽은 권력이다. 유혹은 권력을 죽인다. 따라서 권력이 가장 무서워하는 것은 자신을 전복하려는 세력이 아니라 자신을 유혹하는 세력일 것이다. 유혹하는 세력은 실체가 없다. 유혹하는 세력은 기호로만 존재하는 상징 세계의 존재다. 그 세력은 권력이 행사되는 곳마다 무의미와 무질서를 침투시킴으로써 권력 자체를 무력화하고 죽인다.

오늘날 유혹의 모습을 가장 쉽게 발견할 수 있는 곳이 바로 인터넷이다. 인터넷은 시작과 끝, 중심이 존재하지 않으며 계층화되거나 체계화되어 있지 않다. 고정된 실체가 아니라 항상 변하는 유동적인 상태다. 인터넷은 이질적 지점과 정보들이 끝없이 연결되는 네트워크다. 인터넷은 하나도 아니고 여러 개도 아니다. 그것은 무수하지만, 숫자로 표현할 수 없는 다양체다. 인터넷은 끊임없이 새로운 정보와 콘텐츠가 유입되며 변하는 망이다. 현실에서는 고정된 정보도 인터넷으로 옮겨지면 끊임없이 수정되는 유동적인 것이 된다. 인터넷의 정보들은 어떤 중앙의 통제도 받지 않은 채 무한정 다른 것들과 연결되며 변해 간다. 어떤 목적을 가진 행위도 인터넷에서는 효력을 발휘하지 못한다. 인터넷의 세상은 고정된 실체가 아니라 항상 만들어지는 생성$^{devenir}$의 세상이기 때문이다. 누구도 그것이 어떤 방향으로, 어떤 모습으로 생성될지 알지 못하며 통제하거나 유도할 수도 없다.

인터넷이 생성하는 세상 안에서 우리는 자신의 정보들과 감정들을 아낌없이 내놓고 공개한다. 그렇게 모이는 수많은 데이터는 끊임없이 서로를 인용하고 지시하면서 결국은 내용을 잃고 순수한 기호로서만 교환된다. 권력이 만들어낸 현실의 정보들은 인터넷에서는 단지 변형되고 조롱되고 수정되는 재료일 뿐이며 다른 기호들을 만드는 데 사용되는 기호일 뿐이다. 인터넷에서 기호를 내놓고 수정하고 교환하는 모든 행위는 놀이다. 이 놀이는 목적이 없으며 의미를 담고 있지 않고 주체와 대상도 불분명하다. 권력에게 이 놀이는 공포로 느껴진다. 모든 것을 통제하고 의미를 부여하고 조직해서 새로운 의미와 질서들을 생산함으로써 계속 확장해야만 살아남을 수 있는 권력이 보기에, 이 시작도 없고 끝도 없이 자체적으로 순환하며 예측 불가능한 무의미와 무질서를 만들어내는 인터넷은 치명적인 적일 수 있다. 권력이 보상, 고소, 고발, 수사, 삭제, 폐쇄 등 온갖 현실의 방법을 동원해 인터넷을 길들여서 자신과 같은 권력의 한 형태로 만들려 하는 것은 인터넷의 유혹에 휘말리면 자신이 죽는다는 것을 알고 있기 때문이다.

아이러니하게도 인터넷은 사실 가장 전형적인 권력 행위인 군사적인 목적을 위해 만들어졌다. 합목적적 권력의 원활한 기능을 위해 만들어진 인터넷이 권력의 통제를 벗어나 권력을 유혹해 파멸할 수 있는 장치가 되었다는 것은 흥미로운 일이다. 오늘도 아무 이유 없이 습관처럼 인터넷에 접속한 사람들은 인터넷이란 유혹의 공간 안에서 삶의 에너지를, 또한 동시에 죽음의 에너지를 기호로 바꿔 아낌없이 내던지고 있다. 그리고 그 기호들은 권력을, 욕망을, 생산을 유혹해서 그들을 무력화하고 무의미한 것으로 만든다. 아마도 이것은 권력이 강요하는 생존 방식에 대한 사람들의 본능적이고 자생적인 저항일 것이다.

네 번째 이야기:

더불어 살다

-

## 남자와 여자의 대화

　예전에 유행했던 책명이 말해주는 것처럼 남자와 여자는 각각 다른 행성에서 온 존재처럼 서로를 잘 이해하지 못하는 경우가 많다. 개인 차이가 있기는 하지만, 우리 주변에서 일반적으로 볼 수 있는 남자와 여자는 생각하는 방식도, 말하는 방식도, 행동하는 방식도 다르다. 남자와 여자가 서로를 이해할 수 없다고 말하는 것이 자연스러울 정도다. 이런 차이가 발생하는 것을 단순히 남자와 여자라는 생물학적 성이 지닌 속성 탓으로만 돌리기는 힘들 것이다. 오랜 세월 사회적으로 고착화된 성 역할의 구분도 그런 차이를 만드는 데 일조했을 수 있다. 원인이 무엇이든 남자와 여자 사이의 일반적인 커뮤니케이션 양식이 다른 점은 분명 눈에 띈다.

　예를 들어보자. 흔히 여자는 수다를 떨고, 남자는 과묵하다고 말한다. 하지만 주변의 사람들을 관찰해보면 남자도 여자만큼 말이 많다. 남자들로 가득 찬 술집이나 식당이 얼마나 소란스러운지 생각해보라. 그러함에도 남자는 말이 적고, 여자는 말이 많다는 편견이 생긴 것은 무엇 때문일까? 그 이유는 남자와 여자가 말을 하는 목적 안에서 찾을 수 있다.

남자는 업무와 관련된 말을 많이 한다. 업무에 관련된 말이란 직업 세계에서의 성공을 위한 것이다. 시답잖은 농담도 남자는 업무를 위해 말한다. 상사, 동료, 부하직원과 끊임없이 말을 나눔으로써 정보를 얻고 인맥을 만들고 계약을 성사한다. 반면 여자는 사적인 관계를 도모하기 위한 말을 많이 한다. 여자는 다른 사람과의 사적인 감정을 돈독히 하기 위해 말을 한다. 관계의 돈독함을 확인하고 유지하기 위해 계속 말을 한다. 남자가 공적인 업무를 효율적으로 수행하기 위해 수다를 떤다면, 여자는 사적인 관계의 감정을 유지하기 위해 수다를 떠는 것이다.

이런 이유로 남자가 보기에 여자의 수다는 불필요한 것이다. 업무를 위한 쓸모 있는 수다가 아니기 때문이다. 남자는 여자의 수다를 '쓸데없는 말'로 치부한다. 어떤 남자가 공적인 업무와 무관한 사적인 감정을 유지하기 위해 많은 말을 한다면 남자가 여자처럼 수다를 떤다는 비난을 받기 쉽다. 쓸데없는 말을 하지 않는 남자는 과묵하다. 남자의 수다와 여자의 수다에 부여된 가치가 이처럼 다르기에 남자의 과묵과 여자의 수다는 여자의 말을 평가절하하는 방식으로 사회적으로 만들어진 편견이라 할 수 있다.

사람들이 이처럼 사회적으로 고착된 커뮤니케이션 양식을 관성적으로 사용할 때 갈등이 발생한다. 남녀가 처음 만나기 시작한 연애 초창기에 말을 많이 사람은 주로 남자다. 남자는 여자와 연인이 되겠다는 목적을 갖기 때문이다. 즉 남자는 업무를 위해 말을 하는 것이다. 원래 말주변이 없어 말수가 적은 남자조차도 여자와 처음 만나기 시작해 아직 관계가 안정되지 않았을 때는 말을 많이 해야 한다는 부담을 갖는다. 일단 여자와의 연인 관계가 정립되고 확인되면 남자의 말수는 급격히 줄어들기 시작한다. 업무의 목적이 달성되었기 때문이다. 반면 여자의 말수는 급격히 늘어난다. 여자는 연인 관계가 확립되는 순간부터 감정을 공유하면서 관계를 유지하고 강화해야 할 필요를 느끼기 시작하는 것이다.

두 사람이 결혼해 가정을 꾸리게 되면 남자와 여자 사이의 커뮤니케이션 양식의 차이는 종종 부부 싸움의 원인이 될 정도로 커진다. 직장에 간 남자는 업무를 위해 종일 엄청난 수다를 떨며 시간을 보낸다. 업무를 마치고 집에 돌아온 그에게 가정은 생존을 위해 말을 해야 할 부담이 없는 편안한 휴식처다. 하지만 아내는 남편과의 감정과 관계를 확인하고 돈독히 하기 위해 말을 할 필요를 느낀다. 말하기 싫어하는 남편과 대화를 나누고 싶은 아내 사이의 실랑이가 벌어지는 것이다.

아내는 직장 동료나 옆집 아줌마 또는 친구와 만나 싸웠던 이야기를 한다. 마지못해 건성으로 듣던 남편은 나름대로 성의를 다해 조언한다. 이러이러한 것은 아내의 잘못이고 저러저러한 것은 상대방의 잘못이니 너무 기분 나빠하지 말라고 한다. 때로는 아내의 심장에 비수를 찌르는 한마디를 던지기도 한다. "당신이 잘못했네." 싸움의 잘잘못을 가리고 원인과 해결책을 처방하는 업무를 처리한 것이다.

남편이 이해할 수 없는 가운데 아내는 화를 내기 시작하고 대화는 싸움으로 발전한다. 남편의 생각과는 달리 아내는 조언을 듣기 위해 말을 꺼낸 것이 아니다. 그저 남편과 이야기를 나누며 우리가 한편이라는 감정을 유지하고 강화하려 했을 뿐이다. "상대방이 잘못했네. 뭐, 그런 사람이 있어? 당신 기분 나빴겠다." 아내가 듣고자 했던 말은 바로 이것이다. 서로 동조하고 맞장구치면서 같은 편이라는 것을 재확인하는 것. 낮에 있었던 싸움 이야기는 그저 동반자 감정을 확인하기 위한 핑계일 뿐이다.

이렇게 남녀 간에 일어날 수 있는 커뮤니케이션 문제를 잘 아는 나는 아내와 순조로운 대화를 나누며 살고 있을까? 나는 남녀 간 커뮤니케이션의 특성에 대해 강의를 하기도 하지만, 강의에서 드는 사례들은 사실 모두 내가 실패한 경험들이다. 이론적으로는 아내가 원하는 것을 잘 알고 있지만, 현실에서 그 지식은 감쪽같이 사라져버리고 그저 무뚝뚝하고 퉁명스러운 바보 남편만이 남아 허둥댄다.

우리 사회에서는 자기 계발이나 처세술, 대화 기법, 인간관계 등과 관련된 많은 책이 나오고 그중 몇몇은 베스트셀러가 된다. 많은 사람이 그 책 중 하나 정도는 읽었을 텐데 그들이 책에서 가르쳐주는 대로 성공적인 사회 생활과 인간관계를 유지하고 있는지는 의문이다. 단지 머리로 아는 것과 행동하는 것은 전혀 다른 일이기 때문이다. 행동은 머리가 아니라 몸이 하는 것이다. 몸에 익지 않으면 실수가 되풀이될 뿐이다.

남자는 자신이 업무를 위해서 말한다는 사실을 모르고 말을 한다. 여자는 자신이 감정 공유를 위해 말을 한다는 사실을 모르고 말을 한다. 그저 몸과 마음이 편한 대로 말하고 행동하는 것이다. 서로가 다르다는 사실이 오히려 이 세상의 모습을 풍요롭게 만들고 재미있게 만드는지도 모르겠다. 시중에 나온 책 몇 권을 읽어 몇몇 지식을 갖게 된다고 일상생활을 풍요롭게 만들지는 못한다. 상대방을 이해하고자 하는 진심을 가진다면 사람 사이의 차이는 성가신 것이 아니라 아름다운 매력처럼 느껴질 것이다. 그 진실한 마음은 생존을 위한 처세술 책들이 결코 가르쳐줄 수 없는 것이다.

–

# 당신은 얼마나 다양하게 보는가?

    역할 범주 설문<sup>RCQ: Role Category Questionnaire</sup>이란 것이 있다. 미국의 월터 크로켓이 개발한 이 설문 방식은 아주 간단하다. 우선 자기 나이 또래의 잘 아는 사람 중에서 자신이 좋아하는 사람과 싫어하는 사람을 각각 한 명씩 선택해 그들의 성격, 습성, 다른 사람들을 대하는 태도 등에 대해 생각을 한다. 그리고 먼저 5분간 자신이 좋아하는 사람의 성격, 습성, 다른 사람들을 대하는 태도 등을 종이에 적는다. 다음 5분 동안은 자신이 싫어하는 사람에 대해서도 같은 것을 적는다. 다른 사람이 그 글을 읽었을 때, 그 사람이 어떤 사람인지 알 수 있도록 상세히 적는다. 이때 그 사람의 외형적 특징은 적을 필요가 없다.

    다 적고 나면 종이를 보고 자신이 그 사람을 묘사하는 데 사용한 단어들의 수를 세어 점수를 매긴다. 키가 크다든가, 눈이 작다든가 하는 신체적 특징을 적은 것은 세지 않는다. 또 교사, 주부, 엄마와 같이 직업이나 역할을 적은 단어도 세지 않는다. 착하다, 매우 착하다처럼 부사를 이용해 같은 단어를 되풀이한 표현들은 한 개만을 인정한다. 반면 비슷한 뜻이지만, 다른 단어를 사용한 묘사는 각각 점수를 준다. 예를 들어 착하다와 선량하다라는 표현을 했다면 2점을 준다. 그런 식으로 준 점수를 합산하면 최종 점수를 얻게 된다. 이것으로 설문 조사는 끝이 난다.

이 점수는 무엇을 의미하는가? 점수는 각자가 가진 인지 구조의 복잡성을 알려주는 수치의 역할을 할 수 있다. 우리는 세상을 살면서 다양한 사람을 만나고 변화무쌍한 환경에 적응하면서 살아간다. 복잡한 세상을 이해하기 위해 우리는 몇 가지 기준에 따라 세상일들을 분류한다. 좋다, 나쁘다, 단순하다, 복잡하다 등의 흑백논리는 복잡한 세상을 쉽게 이해하는 데 흔히 사용되는 것이다. 그런데 사람들은 같은 세상을 살지만, 누구나 똑같이 세상을 바라보지는 않는다. 각자 나름대로의 기준에 따라 세상일들을 분류하면서 일을 처리한다. 그렇게 세상을 분류하는 틀이 바로 인지 구조다. 어떤 사람들은 몇 가지 큰 틀에 따라 세상일을 간단히 분류하고, 다른 사람들은 좀 더 세분화된 틀을 만들어 세상일을 세세하게 파악한다. 인지 구조의 복잡성이 사람들마다 다른 것이다. 정치 상황을 평가할 때, 어떤 사람은 반민주 수구 세력과 빨갱이의 대립 구도만 있다고 생각하지만, 다른 사람은 다양한 정치 이념들을 구분해내기도 한다.

역할 범주 설문은 우리가 잘 아는 사람을 어떻게 묘사하는지를 봄으로써 우리가 가진 인지 구조가 얼마나 복잡한지를 알아보는 데 이용된다. 설문 점수가 높을수록 인지 구조가 복잡하다고 평가할 수 있다. 설문 결과는 아이큐나 문장 구성 능력과는 관계가 없다. 아이큐가 높다고 복잡한 인지 구조를 갖는 것이 아니라는 말이다.

인지 구조가 복잡하다는 것은 세상일을 매우 다양한 관점에서 보는 능력을 갖고 있다는 의미다. 인지 구조가 단순한 사람은 단지 자신의 관점에서 흑백논리로 세상일을 재단하는 경향이 있다. 인지 구조가 복잡한 사람은 일에 연루된 여러 사람의 입장을 고려하면서 다양한 관점에서 여러 해결책을 도모하려는 경향을 가진다. 그래서 인지 구조가 복잡한 사람일수록 다른 사람들로부터 좋은 평가를 받으며 원만한 인간관계를 유지하고 사회 생활도 만족스럽게 하는 경우가 많다고 한다.

인지 구조의 복잡성은 대개 어린 시절의 성장 과정에서 결정된다. 성인이 된 후 한 번 인지 구조가 결정되면 어지간한 노력으로는 인지 구조를 다시 복잡하게 만드는 것이 힘들다. 그래서 아이일 때 인지 구조를 복잡하게 만들 기회를 마련해주는 것이 좋다. 아이들이 복잡한 인지 구조를 갖게 하려면 세상일을 여러 관점에서 볼 수 있게 해야 한다. 예를 들어 아이가 잘못된 일이나 실수를 저질렀을 때, 무조건 "잘못했어? 안했어?"라고 윽박지르는 것은 좋지 않다. 잘못이냐, 아니냐라는 흑백논리로 세상을 보게 만들기 때문이다. 그보다는 사건과 연루된 여러 사람의 입장을 골고루 생각하는 기회를 주는 것이 좋다. "네가 친구를 때렸을 때, 친구가 얼마나 아파했을지 생각해봤니? 또 그 친구의 부모님도 그 사실을 알면 기분이 좋을 것 같니?" 이런 식으로 다른 사람들의 입장에서 사건을 보는 기회를 줌으로써 자연스럽게 아이의 인지 구조가 복잡해지도록 하는 것이 좋다.

인지 구조가 복잡한 사람들은 다른 사람들의 입장을 잘 이해하고 상황을 풍부하게 파악하기 때문에 극단적인 말이나 행동을 취하는 경우가 드물다. 그들은 삶의 여러 면을 풍요롭게 파악하기 때문에 좀 더 만족스럽고 행복한 삶을 살 가능성이 크다. 성공이냐, 실패냐 하는 흑백논리로 삶을 보지 않기 때문이다. 아이들과 많은 이야기를 나누고 그들의 인지 구조를 복잡하게 만들어주는 것이 우리 사회의 삶을 좀 더 살 만한 것으로 만들어주는 거름이 될지도 모르겠다. 자신과 사회에 대해 성찰할 수 있는 능력을 길러줄 수 있기 때문이다. 아이들에게 성공과 승리만을 말하는 흑백논리, 생존의 논리를 강요하는 대신에 삶의 풍요로움을 만끽할 수 있는 다양한 시각을 갖도록 해준다면 좋을 것이다.

\-

## 더 빨리 더 빨리

　프랑스 사상가 비릴리오는 인류의 역사는 속도를 지배하기 위한 것이었다고 주장한다.[13] 우선은 인간의 육체를 빨리 움직이려는 노력이 있었다. 남보다 더 빨리 달리고 움직여야 더 많은 과일을 채취하고 더 많은 동물을 사냥할 수 있었다. 빨리 이동할 수 있는 군대를 보유한 부족이 전투에서 승리했다. 말과 같은 동물을 길들이기 시작하면서 인간은 자신의 육체가 가진 속도의 한계를 극복하기 시작했다. 기마부대의 등장은 전쟁의 모습을 바꾸었고 광활한 영토를 지배하는 제국의 등장을 가능하게 했다. 산업혁명을 가능하게 한 엔진의 발명은 철도, 자동차, 그리고 항공기와 같은 기계적 이동 수단의 발명으로 이어졌다. 동물의 속도를 뛰어 넘는 기계 장치의 속도는 인간이 지배하고 통제할 수 있는 영역의 경계를 지구적 차원으로 확대시켰다.

　이렇듯 인류 역사를 통해 인간은 더 빠른 속도를 얻기 위해 노력해왔다고 할 수 있다. 이러한 속도의 추구는 결국은 권력의 문제와 직결된 것이었다. 더 빠른 속도를 통한 시간상의 우

13　비릴리오,『속도와 정치』, 이재원 옮김, 그린비, 2004.

위를 선점하는 것이 바로 권력을 차지하는 것이기 때문이다. 상대보다 더 빠른 속도를 얻은 자가 주위를 평정하고 전쟁에서 승리하고 세계를 지배해왔다. 결국 인류의 역사는 권력을 얻기 위해서 뛰어든 속도를 향한 무한 경쟁의 역사였다고도 할 수 있다.

역사적으로 볼 때, 속도는 공간을 점유하기 위해 필요한 것이었다. 남보다 더 빠르게 움직인다는 것은 공간을 선점하고 영토를 확장하고 보호하는 데 필수적인 것이었다. 말의 사육, 포장도로의 개발, 바퀴의 발명 등은 지배할 수 있는 공간을 넓히는 데 꼭 필요한 것들이었다. 산업혁명과 함께 시작된 기계를 이용한 교통 수단의 혁명은 더욱 빠른 속도를 얻는 것을 가능하게 했다. 철도, 자동차, 선박, 비행기 등은 사회의 모습을 바꾸고 세계의 지정학적 환경을 변화시켰다. 기계의 도움으로 더 빠른 속도를 얻었지만, 여전히 공간적 거리는 완전히 극복하기 어려운 것이었고 거리가 멀리 떨어진 지역들은 각각의 지역적 특성을 유지했다.

20세기에 들어서면서 전파와 전기가 발견되었다. 전파와 전기는 메시지를 전달하는 새롭고 빠른 통신 수단의 발명을 이끌었다. 새로운 통신 수단이 일으킨 혁명은 인간이 세계와 맺는 관계를 공간의 차원에서 시간의 차원으로 이동시켰다. 그 전까지는 얼마나 빨리 공간적 거리를 이동하는가가 관건이었다면, 이제는 얼마나 완전하게 같은 시간대를 경험하는가가 관건이 되었다. 전기와 전파를 이용한 커뮤니케이션의 속도는 빛의 속도에 도달한다. 빛의 속도는 인간의 경험 영역에서는 사실상 절대속도다. 절대속도는 간격이 존재하지 않는 즉각과 즉시의 시간을 달성한다. 21세기의 디지털 기술은 절대속도의 커뮤니케이션을 더욱 확실히 보장한다.

절대속도의 커뮤니케이션은 보는 것, 듣는 것뿐 아니라 만지는 것까지도 즉각적으로 전달할 수 있게 만듦으로써 세계를 시간의 축 위에 재배치시킨다. 새로운 커뮤니케이션 미디어를 통해 인간이 절대속도에 도달함으로써 지리적 공간은 더는 의미 없는 것이 되었다. 절대속도의 커뮤니케이션에 의해 세계화되는 것은 바로 시간이다. 전 세계는 단일한 시간의 축 위에 놓이게 된다. 과거에 세계가 공간적 축을 따라 배치되어 있었을 때, 세상에는 서로 다른 지역적 공간과 지역적 시간이 공존했다. 하지만 이제 공간의 차이는 사라졌으며 시간은 보편적이고 세계적이며 단일한 것이 되었다.

그러나 속도 경쟁은 아직 끝나지 않았다. 절대속도의 커뮤니케이션을 바탕으로 한 시간의 축 위에서 세계는 더욱더 치열한 속도 경쟁에 내몰리고 있다. 디지털 미디어의 기술적 발전과 사용자의 욕구는 더 빠른 속도의 추구라는 동력에 의해 움직인다. 컴퓨터, 인터넷, 디지털카메라, 핸드폰, 프린터 등 모든 디지털 장비의 우수성은 속도에 의해 판단된다. 더 빨리 정보를 처리하고 전송하고 저장할 수 있는 미디어가 우수한 것이며 비싼 것이고 갖고 싶은 것이다. 속도의 추구는 단순히 기계 장치의 성능에만 연관된 것이 아니다. 스마트폰에 문자 메시지를 입력하는 속도, 컴퓨터로 문서와 영상을 조작하는 속도, 인터넷에서 정보를 검색하는 속도, 인터넷에 정보를 올리고 내려받는 속도가 사용자의 우수성을 판단하는 기준이 된다. 더 빠른 장치로 더 빨리 정보를 처리하는 사람이 디지털 시대의 승자며 영웅이 된다.

　이 속도 경쟁은 전 세계를 무대로 이루어지고 있다. 기술의 표준화라는 명목으로 세계의 모든 사람은 동일한 규칙에 따라 경쟁하도록 강제된다. 이것은 자본이 인간을 착취하는 것을 무척 쉽게 만든다. 자본이 이윤을 극대화하기 위해서는 대량 생산과 대량 소비가 필요하다. 표준화된 기술의 사용은 바로 그것을 가능하게 하는 기반이다. 세계 어디에서나 모든 정부와 기업, 개인은 자본이 강제하는 표준화된 기술에 따라 조직되고 행동하도록 요구 받고 있다. 이 요구를 거부하는 것은 속도 경쟁에서 낙오한다는 것을 의미한다. 사람들은 낙오하지 않기 위해 누구보다 더 빨리 세계의 표준을 받아들여야 한다는 강박관념에 시달린다.

　우리 사회에 불어닥친 선행 학습, 조기 교육의 광풍은 이런 강박관념이 우리의 사회문화적 특성에 맞게 부정적으로 물질화된 현상이다. 시간의 축 위에서 남보다 더 빨리 앞서가야 한다는 생각은 초등학교 교과 공부를 유치원 때, 고등학교 교과 공부를 중학교 때 해야 하는 선행 학습으로 가시화되었고 더 빨리 세계의 표준을 받아들여야 경쟁에서 살아남는다는 생각은 조기 영어 교육에 대한 국가적 몰입으로 표현되었다. "남보다 더 빨리"의 강박관념은 개인의 삶을 생존의 차원으로 축소하고 사회의 삶을 황폐하게 만든다. 남이 시키는 대로 남보다 더 빨리 살아남기 위해서 경쟁의 무대로 내몰리는 환경에서는 자신에 대한 멸시와 남에 대한 적개심만이 커져갈 뿐이다. 이런 상황에서는 삶이란 단어 자체가 아예 실종되었으며 생존, 경쟁, 죽음과 같은 단어들만이 우리의 생각을 지배한다.

-

*세상은 종말을 향해 치닫는가?*


외출하지 않고 집에 있다 보면 초인종을 누르는 방문객들이 가끔 있다. 문을 열어 보면 대개는 선량해 보이는 사람들이 서 있다. 그들은 나에게 전해줄 상당한 분량의 유인물들을 들고 있다. 그 유인물 중에는 설문지 형식을 띤 것도 있다. 그러한 설문지에 실려 있는 몇 가지 간략한 질문은 모두 한 가지 질문으로 귀결된다. 질문인즉 "당신은 종말을 믿는가?"

내가 조금 머뭇거리는 틈을 놓치지 않고 그들은 온갖 종말의 징후를 제시한다. 기상 이변에 따른 각종 재난, 세계 곳곳에서 벌어지고 있는 분쟁들, 환경 오염, 핵무기, 화학무기의 공포. 이러한 것들을 열거하고 난 후 그들은 모든 것이 결정되어 있다는 증거로 옆구리에 끼고 있던 두툼한 성경을 펼쳐 보인다. 그들은 곧 있을 '최후의 심판'에서 구원 받을 유일한 방법은 자신들이 제공하는 은신처에서 머무는 것이라고 비장한 어투로 말한다. 빨간 줄을 쳐 놓은 성경의 문장들을 읽어주면서 말이다.

이렇게 종말이 온다고 굳게 믿고 있는 사람들이 믿음의 근거로 삼는 것이 두 가지가 있다. 그중 하나는 신의 예언이 수록되었다는 성경이고, 또 하나는 언론 미디어다. 성경은 종말을 확언하고 언론 미디어는 성경이 확언한 종말의 징후들을 보여주는 역할을 한다.

언론 미디어가 보여주는 지구 곳곳에서 일어난 참혹한 재해의 현장들, 기상 이변, 환경 오염 등에 대한 선정적인 보도들은 종말론자들의 논리를 살찌우는 자양분으로 기능하는 것이다. 종말론이 갖는 허구적 요소에 대해 논리와 이성으로 반박하는 것은 쉬운 일이다. 하지만 문제는 종말이라는 말에 깃든 죽음의 공포에 반응하는 것은 이성이 아니라 감성이라는 데 있다.

하지만 추상적 공포가 아닌 현실적 삶으로 종말을 이해한다면 어떨까? 지금 이 순간에도 세상 곳곳에서는 많은 사람이 그들만의 종말을 맞이하고 있다. 그 종말은 가족들에 둘러싸인 평온한 모습으로 다가올 수도 있지만, 전쟁터에서 피비린내 나는 살육의 모습으로 나타날 수도 있다. 종말은 먼 곳이 아닌 내 안에, 우리 주변에 있는 것이다.

종말에 대한 추상적 공포에 사로잡혀 그저 나 혼자 천국에 가기 위해, 즉 생존하기 위해 특정한 단체에 가입하고 충성을 맹세할 용기와 시간이 있다면 실제 종말을 맞이하고 있는 사람들에게 눈을 돌릴 기회도 충분히 가질 수 있을 것이다. 아프리카, 남아메리카, 중동, 동유럽 등에서 끝없는 이권 다툼 속에서 전쟁터로 내몰려 학살되는 사람들에게 세상의 종말은 이미 현실이다.

종말론이라는 추상적 공포에 사로잡힌 사람들은 자신의 의지로 생존을 선택하지만, 실제 종말의 위기에 처한 사람은 타의에 의해 삶을 누릴 기회를 박탈 당한 채 생존만을 강요 당하고 있다. 포탄 속에서 죽어 가는 어린 영혼들 앞에서 우리는 무슨 말을 할 수 있을까? 생존과 삶 사이에서 선택할 기회조차 없는 이들에게 어떻게 삶의 풍요로움을 이야기할 수 있겠는가?

하지만 생존의 광기에 사로잡힌 사람들은 자신이 생존하기 위해 다른 모든 사람을 죽음으로 몰아넣는 짓을 서슴지 않는다. 그들은 공존하며 함께 삶을 누리기보다는 자신만이 생존하기 위해 기꺼이 전쟁을 선택한다. 그 생존의 길이 많은 사람에게는 죽음의 길이라는 것을 애써 감추며 말이다. 처음부터 삶을 선택했다면 생존할 필요도 없지만, 생존의 광신도들은 삶을 생각하기에는 이미 너무 생존에 길들어져 있다.

생존하기에 급급한 사람들에게 세상은 항상 종말로 치닫고 있다. 의식하지 못한 채 그들은 실제로 세상을 종말을 향해 내몰기도 한다. 삶을 선택한다면 세상의 종말이란 그리 새삼스러운 것이 아니다. 모든 삶은 종말을 내포하기 때문이다. 삶을 선택한 사람들은 종말을 의식하지 않는다. 그래서 그들은 종말을 앞당기지도 않는다.

-

*생존하기 위해 몸부림치는가?*

　한 생명이 잉태되기 위해서는 정자 하나가 난자 하나와 만나 수정이 되어야 한다. 수정되는 과정에 대해서는 여러 가설이 있다. 가장 널리 알려진 것은 수많은 정자 사이의 치열한 경쟁에서 승리한 정자 하나가 난자를 차지한다는 것이다. 하지만 나는 이보다는 덜 알려진 가설을 좋아한다. 그것은 자궁이라는 험난한 환경 속에서 살아남아 수정을 달성하기 위해 모든 정자가 서로 협력하며 난자에 이르는 길을 개척한다는 가설이다. 나는 수많은 정자가 오직 자신만을 위해 치열한 경쟁을 하는 것이 아니라 공동의 목표를 향해 서로 협력한다는 두 번째 가설이 더 마음에 든다. 생명의 잉태라는 신성한 현상이 너를 이겨야 내가 사는 무서운 경쟁에서 출발하는 것이 아니라고 믿고 싶기 때문이다.

　사회는 적자생존의 현장이고 경쟁하는 것이 지고선이라는 생각이 너무나 당연한 것처럼 퍼져 있다. 실제로 경쟁에서 승리하는 것은 항상 소수며 나머지 절대 다수는 행복을 누릴 권리를 박탈 당하는 패배자가 되는 현실인데도 경쟁만을 목 놓아 외치는 이유는 무엇일까? 학교에서, 직장에서 경쟁에 내몰리고 좌절해 가는 수많은 사람은 어디에서 자신들의 행복을 누릴 권리를 찾을 수 있는가?

이제는 인간이 통제하기 어렵게 된 자본의 무한증식을 위한 신자유주의의 광풍이 세계를 초토화하기 시작한 지도 여러 해가 흘렀다. 국경을 무시하고 사람들의 생존권을 짓밟으며 자본은 더 많은 자유를 달라고 요구하고 있다. 자유무역협정, 투자협정이라는 이름으로 개별 국가의 주권을 포기하도록 강요하는 초국적 자본의 횡포 앞에서 우리는 태풍 앞에 촛불 같은 목숨을 유지하면서도 오히려 토착 산업의 경쟁력을 강화하고 우리에게 더 나은 삶을 가져다줄 좋은 기회가 될 것이라고 생각한다.

더 많은 이윤을 요구하는 괴물은 이미 경쟁의 화신이 된 사람들을 경쟁력 강화라는 이름 아래에서 채찍질하고 있다. 괴물은 모든 분야를 경쟁의 세계로 만들라며 부추기고 있다. 개방하고 경쟁하는 자들에게 복이 있을 것이라는 메시아적 예언이 과연 실현될 것인지는 큰 의문이다. 하지만 이미 경쟁의 신에게 자신의 영혼을 팔아버린 사람들은 분별력을 잃어버렸다. 그들은 경쟁의 신을 숭배하지 않는 자들에게는 지옥의 불길이 기다리고 있을 뿐이라는 협박만을 되뇌고 있을 뿐이다.

사회란 약육강식의 세계일 수밖에 없는가? 모두가 경쟁해야 생존하고 번영한다는 말은 정말 의문의 여지가 없는 사실

일까? 사회의 구성체들이 저마다의 특성을 발휘하며 서로 협력하고 공존한다는 것은 헛된 망상인가? 그렇게 협력하고 공존할 수 있는 제도를 마련하는 것이 어떤 점에서 죄악이 되는가? 오히려 모두를 무한 경쟁의 지옥으로 내모는 것이 비윤리적인 것이 아닌가? 단지 초국적 자본의 증식에 도움을 주기 위해 모두를 무한 경쟁의 잔인한 싸움터로 내몰고 수많은 사람에게 고통을 강요할 일을 기꺼이 환영해야만 하는가?

나는 생명의 잉태가 무한 경쟁의 산물이라고 보고 싶지 않다. 생명이란 상호 이해와 협력을 통해 흘리는 땀과 노력 속에서 잉태되어야 한다고 믿는다. 초국적 자본이 불러일으키는 모래폭풍이 생명의 터전을 황폐하게 만들고 있다면 숲을 만들어 보호해야 한다. 사회의 모든 구성체가 상부상조하며 공존할 수 있는 제도적 장치들을 마련해야 할 것이다. 자본이라는 폭식가의 거대한 배를 채우기 위해 끝도 없이 자원을 고갈하고 사람들을 노예로 만들어 경쟁의 피바다로 몰기보다는 모든 사람에게 각자가 주인이 될 수 있는 작은 평화의 공간을 만들어주기 위해 노력해야 할 때다. 생존하기 위해서는 치열하게 경쟁해야 하지만, 삶을 풍요롭게 하는 데 경쟁은 필요하지 않다.

# 가젤과 사자 이야기

　예전에 책 한 권이 화제가 된 적이 있다. 모두의 놀라움 속에서 짧은 시간에 많은 수가 팔리며 베스트셀러가 되었다. 많은 독자가 그 책에서 가장 감명 깊게 읽은 대목으로 가젤과 사자 이야기를 들었다. 그것은 다음과 같은 간단한 이야기다.

　"아프리카에서는 매일 아침 가젤이 잠에서 깬다. 가젤은 가장 빠른 사자보다 더 빨리 달리지 않으면 죽는다는 사실을 알고 있다. 그래서 그는 자신의 온 힘을 다해 달린다. 아프리카에서는 매일 아침 사자가 잠에서 깬다. 사자는 가젤을 앞지르지 못하면 굶어 죽는다는 사실을 알고 있다. 그래서 사자는 자신의 온 힘을 다해 달린다. 네가 사자이든, 가젤이든 마찬가지다. 해가 떠오르면 달려야 한다."

　살아남으려면 남보다 빨리 달려라. 이것이 이 이야기의 주제다. 죽지 않고 살아남기 위해서는 남보다 빨리 달려야 한다는 끔찍한 생존 경쟁의 이야기를 읽고 많은 사람이 "감명을 받았다."고 한다. 어떤 부모는 자신의 어린 딸이 이런 이야기가 들어 있는 좋은 책을 스스로 선택해 읽고 있다는 것에 뿌듯하고 기특한 마음이 들었다고도 한다.

남보다 뒤처지면 죽는다. 네가 사는 오직 한 가지 이유는 생존하기 위해서다. 생존하려면 네 숨이 붙어 있는 한 남을 이기기 위해 노력해라. 삶은 곧 생존이다. 이런 이야기를 들으며 자란 아이들은 이것이 삶의 참모습이라 생각한다. 그저 생존하기 위해 사는 것이 부모가 바라고 사회가 바라는 삶의 모습이기 때문이다.

생존에 매달리는 사람들은 삶의 풍요로움이 눈에 들어오지 않는다. 가젤이 한가로이 풀을 뜯는 모습도, 사자가 여유롭게 하품을 하는 모습도 그저 생존 경쟁에 나설 힘을 비축하기 위한 준비 과정으로 보일 뿐이다. 그들은 모두 단지 죽지 않기 위해 산단 말인가? 그들이 누리는 순간순간이 모두 살아남기 위한 싸움의 연속일 뿐이란 말인가? 삶의 충만함은 어디에서도 찾을 수 없단 말인가?

가젤이든, 사자든 이 땅의 모든 존재는 생명을 얻은 순간부터 삶을 누릴 권리와 기회를 얻는다. 죽음은 모든 생명체가 태어나는 순간부터 피할 수 없는 운명의 종착점이다. 아쉽지만 죽음도 삶의 한 부분인 것이다. 죽음이 삶의 한 부분일 뿐인데 죽지 않기 위해 발버둥친다는 것은 우스운 일이다. 죽지 않기 위해 하루하루를 사는 것은 무의미한 일이다.

생명을 부여 받은 이상 하루하루 삶의 풍요로움을 맛보며 사는 것은 모든 생명체의 권리다. 언젠가 찾아오게 될 죽음도 그 삶의 한 모습으로 받아들일 뿐이다. 생존을 위해 몸부림치는 것이 아니라 삶 자체에 충실할 때 삶은 정말 살만한 것이 된다.

삶의 순간이 참을 수 없는 고통으로 다가오는 것은 생존하기 위해 살기 때문이다. 가젤이 매일 아침 눈을 뜨며 오늘도 사자의 먹이가 되지 않기 위해 달려야만 한다고 생각한다면 가젤에게 삶은 고통의 연속일 뿐이다. 그렇게 힘들게 사느니 차라리 스스로 목숨을 끊는 게 낫다는 생각이 들 수도 있다. 생존을 강요하는 사회는 역설적으로 자살을 부추긴다.

오늘 사자를 이긴 가젤은 행복할까? 내일 또다시 생존하기 위해 사자와 경주를 해야 하는데? 오늘 가젤을 이긴 사자는 행복할까? 곧 배고픔이 찾아오면 다시 살아남기 위해 다른 가젤을 찾아 나서야 하는 것을 아는데? 생존을 강요하는 사회는 언제나 걱정과 근심만을 제공한다. 미래의 희망도, 현재의 기쁨도 존재하지 않는다. 그저 불행의 그림자만이 짙게 드리워 있을 뿐이다.

삶의 기쁨을 누릴 여유도 없이 그저 생존을 위해 달려야만 하는 가젤은 이미 죽은 것이다. 사자를 이기기 위해 항상 '죽을힘'을 다해 달리기 때문이다. 아침에 눈을 뜨자마자 생존을 위해 '죽을힘'을 다해 달려야 하는 모든 생명체는 이미 죽은 것이다. 삶은 죽음을 포함하지만, 생존은 항상 죽음에 사로잡혀 있기 때문이다.

–

## 자기기만의 작은 행복

사르트르는 "인간의 실존은 본질에 앞선다."라고 했다.[14] 다른 사물들은 본질이 실존을 앞선다. 쉽게 말하면 사물이 존재하기 전에 사물의 목적이 미리 결정되어 있다는 것이다. 예를 들어 칼이 있다고 하자. 사람들은 물건을 자르기 위해 칼을 만든다. 칼이 존재하기 이전에 이미 칼이 존재해야 할 이유와 목적이 결정된 것이다. 칼의 본질은 실존에 앞선다. 인간의 경우는 어떠한가? 인간은 그저 태어날 뿐이다. 글자 그대로 아무 이유나 목적 없이 세상에 내던져진 존재가 바로 인간이다. 인간이 존재하지 않는다고 해도 문제가 되는 것은 전혀 없다.

우리는 자신이 아무 이유 없이 세상에 내던져진 존재란 사실을 알고 있으며 자신이 존재하지 않아도 전혀 문제 되지 않는다는 것을 안다. 이것이 바로 우리가 세상 안에서 느끼는 어찌할 수 없는 허무감의 근원이다. 우리는 왜 태어났는지를 모른다. 게다가 죽음을 피할 수 없다는 사실을 안다. 태어난 이유는 모르는데 죽음은 이미 결정된 상태다.

사르트르는 이 극단적 허무의 상황을 가장 긍정적인 삶을 위

14   사르트르, 『실존주의는 휴머니즘이다』, 박정태 옮김, 이학사, 2008.

한 발판으로 삼는다. 우리가 아무런 존재 이유도 갖지 않는다는 것을 깨닫는 순간 모든 것을 스스로 결정하고 행동하고 책임질 수 있는 본질적 자유를 얻는다고 보기 때문이다. 우리의 삶에 있어서 어떤 것도 처음부터 결정된 것은 없기에 우리는 본질적으로 삶을 창조해 갈 수 있는 자유의지를 가진 존재가 되는 셈이다. 우리가 삶을 산다는 것은 매 순간 선택하고 결정하고 실천한다는 의미다.

자신이 처한 상황 속에서 모든 것을 결정하고 실천할 자유를 갖는다는 것은 축복이자 동시에 재앙이다. 매 순간 자신의 자유의지로 판단하고 선택하고 실천하는 것은 엄청난 고통을 불러일으키는 일이기도 하기 때문이다. 항상 맑고 투명한 의식을 갖고 상황 속에서 선택하고 선택의 결과를 받아들이는 것은 매우 창조적이지만, 동시에 아주 고통스러운 일이다. 더구나 그런 자유의지의 행사는 죽음조차도 명증하게 바라보도록 요구하지 않는가?

존재 자체가 주는 고통을 피하려고 우리가 택하는 것이 바로 자기기만mauvaise foi이다. 자기기만이란 내가 나를 속이는 일이다. 주어진 상황 속에서 스스로 선택을 하고 결정을 내려야 하지만, 우리는 그것을 회피하면서 전혀 다른 상황 속에 자신을 밀어 넣으며 다른 선택을 한다. 현실을 직시하지 않고 꾸며진 상황 속의 편안함을 추구하는 것이다. 이런 자기기만의 행위는 사실 우리의 일상적 활동 대부분에서 발견된다. 아버지, 남편, 아내, 교사 등의 역할을 사회적 규범에 따라 충실히 따르는 일, 종교가 제시하는 가르침에 복종하는 일 등은 대표적인 자기기만 행위다.

첫 데이트에서 남자에게 손을 잡힌 여자는 남자의 욕망에 부응할 것인지, 거부할 것인지를 결정하는 것을 미루면서 자신의 손을 사물로 취급하고 손을 잡은 상황을 회피하면서 고상하고 추상적인 주제로 대화를 이끌어간다. 식당의 종업원, 행사장의 도우미, 장례식장의 상주와 문상객, 교실의 교사와 학생, 시위 현장의 경찰과 시위자, 교회의 목사와 신도, 의사당의 의원 등 모두가 정해진 규범에 따라 사회적 역할을 충실히 수행하면서 갈등 상황을 회피하고 일상적 평온함과 정신적 편안함을 얻는다. 피할 수 없는 죽음의 공포조차도 죽음을 자신의 문제가 아닌 세상 사람들의 문제로 일반화하면 쉽게 망각할 수 있다.

아무것도 결정된 것이 없고 항상 죽음을 향해 달려가는 불안하고 취약한 세상 속에서 자유의지로 선택을 하며 산다는 것은 힘든 일이다. 이 세상을 회피하면서 모든 것이 결정되어 있고 죽음은 오지 않는 안정되고 확고한 세상 안으로 자신을 밀어 넣으려 하는 것은 어쩌면 자연스러운 일이다. 사회는 수많은 역할이 연기되는 무대와 같다. 우리는 사회라는 무대에서 정해진 역할을 연기하는 일을 실재라고 받아들이면서 정신적 안정을 찾는다.

버거와 같은 사회학자들은 이런 자기기만의 행위가 사회를 유지하는 데 필수적이라고 생각한다.[15] 일반화된 타자generalized other들을 통한 역할 동일시로 사람들이 사회에서 맡은 역할들을 충실히 수행할 때, 비로소 사회라는 무대 위에서의 생활 드라마가 온전히 진행된다는 것이다. 우리가 개인적으로 알지 못하는 수많은 익명의 사람이 사회 곳곳에서 경찰, 교사, 청소부, 상인, 정치인, 학생, 의사, 주부라는 역할을 연기하며 산다. 그들은 태어나고 성장하고 기뻐하고 슬퍼하고 고통 받고 죽는 보통의 사람들이며 우리가 상점에서, 지하철에서 같은 공기를 숨 쉬며 부딪치는 세상 사람들이다. 바로 이 사람들이 우리가 세상이란 것을 자연스럽고 안전한 것으로 받아들이게 만드는 데 기여한다. 그들과의 동일시와 역할의 충실한 수행을 통해 우리는 존재의 불안함과 죽음의 공포를 잊는다.

맑은 가을날 오후 따사로운 햇살이 비치는 대청마루에 누워 있을 때 느끼는 편안함과 안정감, 이 세상이 영원히 지속될 것 같은 기분을 느껴본 적이 있는가? 그러나 이 느낌은 돌발적 사건에 의해 아주 쉽게 파괴된다. 너무나 확실하고 당연하게 느껴지는 세상이 사실은 아주 불안정한 인공물이었다는 것을 깨닫도록 하는 사건들은 언제라도 일어날 수 있다. 그때마다 우리는 자기기만을 통해 실재를 회피하려 하지만, 근원적인 불안감을 피할 수는 없다. 자기기만이란 스스로 자신을 속이는 일이기 때문에 우리는 결국은 자신을 속이고 있다는 사

15  버거,『사회학에의 초대』, 이상률 옮김, 문예출판사, 1995.

실을 깨달을 수밖에 없다. 자기기만을 깨닫는 것이 두려운 사람들은 열정적으로 역할의 수행에 매달린다. 역할에 대한, 상황에 대한 어떤 의문도 제기하지 않은 채 사회적 역할에만 충실하며 기계처럼 움직이려 한다. 생존하기 위한 기계가 되어버리는 것이다.

자유의지에 의해 선택하고 실천하고 책임지는 삶을 살기 위해서는 자기기만에서 벗어나야 한다. 자기기만에서 벗어나는 것은 자기 성찰을 통해 가능하다. 내가 하는 선택과 결정이 내 사회적 역할 때문인지, 나를 둘러싼 상황이 어떤 것인지 명확히 파악하기 위해서는 내 사회적 조건을 분명히 인식해야 한다. 남이 만들고 인정한 역할에 따라 연기하는 것이 아니라 스스로 판단해 결정하고 실천하는 것은 어려운 일일 수 있다. 하지만 그것은 궁극적으로 자신을 자유롭게 하며 삶을 풍요롭게 한다.

자기기만 속에서 역할을 행하며 사는 것은 아마도 사회의 현상을 유지하는 기능을 할 것이다. 닥쳐올 죽음을 항상 남의 일로 여기며 권위에 복종하고 현실의 역할에 일희일비하며 사는 것은 나름대로 작은 행복을 제공할 수 있다. 하지만 그런 생존을 위한 몸부림으로는 근원적인 불안과 허무에서 벗어나지 못할 것이다.

언젠가는 다가올 죽음을 직시하면서 자기 자신의 사회적 조건을 파악하고 자신이 속한 상황과 그 안에서의 선택에 대해 항상 비판적으로 성찰한다는 것은 커다란 노력을 요구하는 일이다. 만들어진 역할을 연기하지 않고 자신의 행동을 성찰할 때, 우리의 삶은 풍요롭고 창조적인 것이 된다.

다섯 번째 이야기:
성공이라는 무거운 짐을 벗다

–

*마흔 살에 성공하기*

 

마흔 살이 다가오자 서점에서 전에는 눈에 들어오지 않던 책들이 보이기 시작했다. 40대의 인생을 이야기하는 책이었다. 그 책의 대부분은 40대에 성공하는 방법을 알려주는 것들이었다. 마흔 살은 아직 늦은 나이가 아니다. 자신의 능력과 자원을 잘 조직해 도전하면 사회적, 경제적으로 성공할 수 있다는 것이 그 책들의 논지였다. 그 책들은 모두 40대가 되면 정신적 방황을 겪기 쉽지만, 그렇게 방황하는 것보다는 새로운 목표를 세우고 다시 노력해서 성공한 삶을 만들자고 주장하고 있다. 위기는 곧 기회고 오히려 40대는 새로운 성공의 가능성을 제공할 수 있다는 것이다.

서점에서 발견한 책들은 40대에 접어들어 삶의 의미가 무엇인지를 묻는 사람들에게 쓸모없는 생각을 하면서 주저앉아 있지 말고 다른 재미있는 일을 찾아 열심히 돈을 벌고 사회적으로 성공하라고 권하고 있었다. 결국 연령대만 바뀌었을 뿐 10대, 20대, 30대에 들었던 말을 지겹게 되풀이하고 있었다. 자신감을 갖고 능력을 개발하고 기회를 포착하고 도전하고 성공하라. 잠시 멈칫거릴 시간도 주지 않고 경주마에게 박차를 가하듯 여전히 우리를 앞으로 밖으로 내몰고 있었다. 잠시 멈춰 생각할 시간을 갖는 것은 패배의 늪에 빠지는 길인 것처럼 두려워하며 말이다.

끊임없이 새로운 일과 목표를 부여해서 정신적으로 방황할 시간 자체를 주지 않는 것은 흔히 말하는 '위기의 40대'를 무사히 넘기게 하는 좋은 방법일 수 있다. 하지만 인생에서 처음으로 맞이한 진지한 성찰의 시기를 그렇게 억압하고 말살할 필요가 있을까? 이 사회에서 숨이 턱에 차서 달리던 수많은 사람이 40대에 잠시 멈추고자 하는 이유가 바로 자신이 왜 숨차게 달리고 있는지를 묻고자 하는 것인데 말이다. 왜 숨차게 달리고 있는지를 묻는 사람에게 더 숨차게 달리라고 채찍질을 하는 것은 얼마나 가학적인가?

40대는 제2의 사춘기라고 한다. 사춘기는 독립된 개체로서의 자의식을 갖게 되는 10대가 자신의 행동과 생각에 가해지는 사회적 억압에 의문을 제시하고 저항하는 시기다. 반면 40대에 다시 맞게 되는 사춘기는 10대에 사춘기를 겪으며 받아들이고 체화한 사회적 억압의 무게를 새삼 심각하게 느끼게 되는 시기다. 부모가 시키는 대로, 주위 사람들이 바라는 대로 사회의 일반적 상식에 맞게 정신없이 살아온 삶의 모습에 회의가 들기 시작하는 것이다. 남의 기준에 맞춰 살아오다 문득 정신을 차려 보니 저 멀리에서 나를 기다리는 죽음의 모습이 보이는 것이다. 멀지 않은 내 존재의 소멸을 알아차리고 보니 그동안 남을 위해 남처럼 살아온 삶이 무슨 의미가 있나 하는 생각이 드는 것은 당연한 일인지도 모른다.

하지만 인간의 자원을 최대한 착취해야만 사회의 안정과 발전을 도모할 수 있는 자본주의 체제는 사회 구성원의 '비생산적인' 방황을 허용할 수 없다. 체제가 보기에 비생산적인 것은 비정상적인 것이다. 심리 상담가, 정신과 의사, 경영 자문가, 성직자 등 모든 전문가가 총 동원되어 비생산적 방황을 하는 구성원이 다시 생산적 활동에 적극적으로 종사하도록 회유하고 설득하고 협박한다. 갖고 있는 모든 자원을 사회를 위해 소진하기 전에 자신의 일과 생활에 대해 의문을 표시하는 것은 체제의 발전에 위협이 되는 일이기 때문이다.

체제의 걱정과는 상관없이 40대에 접어든 우리는 처음으로 삶의 진정한 의미에 대해 진지하게 고민할 시간을 갖는다. 존재의 작고 가벼움 앞에서 성공이니 출세니 하는 것이 얼마나 부질없는 것인지를 마음으로 느끼게 되는 것이다. 남보다 더 공부를 잘하기 위해서, 남보다 더 돈을 많이 벌기 위해서, 남보다 더 높은 자리에 오르기 위해서 살아온 생활이 삶의 진정한 모습은 아니라는 것을 깨닫게 된다. 그것은 삶이 아니라 생존이었던 것이다. 그저 살아남기 위해 살아온 것이다.

내 삶은 무엇이었나? 죽음을 인식한 순간 비로소 삶이 온전한 의미를 갖고 우리 앞에 나타난 것이다. 그런 우리에게 다시 머리를 질끈 매고 돈 벌고 성공할 준비에나 매진하라니…. 지난 40여 년 동안 돈을 벌었든, 벌지 못했든, 출세했든, 하지 못했든 우리는 마흔이 되면서 비로소 진실하게 깨닫는다. 삶에서 중요한 것은 그런 것들이 아니라는 것을. 그리고 우리는 진정한 삶을 되찾을 기회를 갖는다. 체제의 전문가들에게 현혹되어 다시 생존의 일터로 내몰리기 전까지는 말이다.

마흔 살에 진정으로 성공하는 것은 생존이 아닌 삶의 길을 선택할 때 가능하다. 나는 지금 생존하고 있는가, 아니면 살고 있는가? 생존하지 말고 풍요롭게 삶을 살고자 하는가? 그러기 위해서는 전문가의 조언 따위는 집어 던지는 것이 좋다. 똑똑하게 생존하려 애쓰지 말고 바보처럼 살아가라. 자신의 삶에 충실해질 수 있도록 말이다.

―

일하지 않는 자 먹지도 말라?


자본주의 사회에서 살아가면서 우리는 노동을 피할 수 없는 숙명으로 받아들인다. 우리가 먹고살기 위해 반드시 가져야 하는 돈을 얻을 수 있는 가장 일반적 수단이 노동이기 때문이다. 노동이 없으면 돈을 얻을 수 없고, 돈이 없으면 생존할 수 없다. 이것이 자본주의 사회의 기본적 생활 법칙이다. "일하지 않는 자 먹지도 말라"고 했던가?

그런데 노동에 대한 강조는 자본주의 사회만의 특징은 아니다. 8세기에 당나라 선승이었던 백장회해百丈懷海 선사(749~814)는 "하루 일하지 않으면 하루 먹지 않는다一日不作, 一日不食."라며 노동을 통한 자급자족을 강조했다. 그는 평생 힘든 수행을 하며 매일 다른 사람들보다 앞장서 일을 했다. 그의 힘든 노동을 안타까이 여긴 한 사람이 하루는 가만히 선사의 연장을 감추고 쉬기를 청했다. 이에 선사는 "내가 아무런 덕이 없는데 어찌 남들만을 수고스럽게 하리오."라고 말하며 연장을 찾았지만, 찾지 못하게 되자 그날 식사를 하지 않았다고 전한다.

"일하지 않으면 먹지도 말라."라는 말은 특히 『성경』에서 유래한 말로 널리 알려져 있다. 『성경』의 「데살로니가후서」에는 "누구든지 일하기 싫어하거든 먹지도 말게 하라."라는 구절이 나온다. 많은 기독교인이 이를 인용하며 노동의 가치를 선전하고 강조하는 수단으로 사용하고 있다.

이처럼 아주 오래전부터 노동에 대한 강조가 종교와 결합해 전개되어온 것은 흥미로운 일이다. 현대 자본주의 사회에서 흔히 거론되는 '노동의 신성함'이란 말이 종교적 색채를 갖는 것은 우연이 아니다. 사실 오늘날 노동이 긍정적 의미로 사용되고 이해되는 데에는 종교, 특히 기독교의 역할이 컸다.

고대에 노동이란 고통스럽고 힘든 작업을 의미했다. 그것은 자유롭고 고귀한 신분을 가진 사람들과는 전혀 맞지 않는 것이었다. 노동은 자유가 없는 자들, 즉 노예의 몫이었다. 땅을 파고 짐을 짊어지고 운반하면서 먼지와 땀으로 범벅이 되어 고통을 받아야 하는 자들은 노예들뿐이었다. 구약에서도 노동은 신이 인간에게 내린 징벌의 하나로 이해된다. 신이 아담을 낙원에서 추방하며 내린 벌 중의 하나가 땀 흘리며 평생을 일해야 한다는 것 아니었던가?

반면 놀이는 자유로운 인간이 누릴 수 있는 가장 고귀한 활동으로 이해되었다. 놀이는 항상 즐거움이나 쾌락과 결부되어 이해된다. 자신의 기쁨을 위해 하는 활동은 때로는 그것이 몸을 사용하는 것이라 하더라도 노동이 아닌 놀이로 이해된다.

낚시나 사냥, 시 쓰기나 그림 그리기, 나무 손질하기나 책상 만들기 등과 같은 활동도 그것이 직업이기 때문에 어쩔 수 없이 해야 하는 일이 아니라 단지 자신이 좋아서 하는 일이라면 자유로운 사람이 즐기는 특권적 활동인 놀이로 이해되었다. 강제적이고 의무적인 노동이 아닌 놀이를 즐길 수 있는 권리는 자유인만이 가질 수 있었다.

모든 사람이 가고자 하는 낙원이란 것이 어떤 곳인가? 그곳은 노동으로부터 해방된 인간이 자유와 기쁨을 누리며 즐겁게 노는 곳이 아니던가 말이다. 그런데 자본주의가 발달하면서 인간의 활동 중에서 가장 천하고 불행한 것으로 이해되던 노동이 가장 신성한 활동으로 이해되기 시작했다. 반면 놀이는 무지한 자들의 어리석은 활동으로 폄하되기 시작했다. 노예의 활동으로 간주되던 노동에 긍정적 의미를 부여한 것은 기독교였다. 기독교는 우선 고난을 긍정적으로 받아들이도록 강요하기 시작했다. 인간을 구원하기 위해 예수가 자발적으로 받아들였던 십자가 고난을 부각하면서 기독교는 사람들에게 예수가 그러했듯이 고난을 자발적으로 기쁘게 받아들일 것을 요구했다.

사람들은 현세의 고난을 자신의 죄에 대해 사함을 받기 위한 수단으로 삼으면서 스스로 고난을 택하는 것을 권장하고 영웅시하기 시작했다. 수도사들과 수녀들은 가혹할 정도로 엄격한 규율에 따라 생활하고 금욕과 질서, 노동을 최고 가치로 내세우면서 신의 곁에서 영생을 얻기 위해 고난을 기꺼이 받아들였다. 이런 모습은 내세의 쾌락을 위해 현세에서 자신에게 엄청난 고통을 가한다는 점에서 마조히즘의 성격을 띤다. 자신의 몸을 채찍으로 때리며 피가 튀고 살이 찢어지는 고통을 감내하던 수도사들을 생각해보라.

기독교의 마조히즘이 자본주의와 만나면서 고난에 찬 노동을 신성시하는 풍조를 만들기 시작했다. 막스 베버는 이미 프로테스탄티즘과 자본주의 정신이 얼마나 밀접한 관계를 갖고 있는지를 꿰뚫어 본 바가 있다.[16] 16세기의 캘비니즘과 같은 기독교 사상은 내세의 영생을 위해 현세에서 금욕적이며 근면한 노동의 삶을 살아야 한다고 가르쳤다. 끝없는 노동을 통해 현세에서 부를 축적하는 것이야말로 신에 의해 선택과 축복을 받는 일이며 그렇게 축적한 부를 절대 향유하지 않고 금욕적 삶을 통해 계속 미래의 노동에 재투자하는 것이 진정한 신앙인의 길이라고 가르친 것이다.

놀이는 죄악시되고 노동은 신성시되었다. 힘든 노동을 통해 부를 축적하지만, 그 부는 향유할 수 있는 구체적인 것이 아니라 오로지 축적만 할 수 있는 추상적 부가 된다. 이를 통해 추상적 의미의 자본이 등장한 것이다. 이 자본은 사회적 필요를 위해 축적되는 것이 아니라 오로지 자본의 축적을 위해 축적된다. 자본 축적이 노동의 최종 목적이자 대전제가 된 것이다.

16  베버, 『프로테스탄티즘의 윤리와 자본주의 정신』, 박성수 옮김, 문예출판사, 2021.

마르크스가 『자본론』에서 설파한 것이 바로 이것이다.

노예의 활동이었던 노동은 이제 자유인의 활동으로 이해된다. 노동할 수 없는 자는 자유롭지 못한 자가 되었다. 제2차 세계대전 중 악명 높은 유대인 포로 수용소인 아우슈비츠수용소의 출입문에는 "노동이 너희를 자유롭게 하리라."라는 문구가 걸려 있었다. 포로들이 자유를 얻을 때까지 생존할 수 있는 유일한 수단은 끊임없이 노동하는 것이었다. 현대를 살아가는 우리는 아우슈비츠의 유대인 포로들과 얼마나 다른가? 노동할 수 없게 된 순간부터 우리는 사회의 낙오자이자 존재가치가 없는 자로 낙인 찍히며 생존에 위협을 받지 않는가?

자본주의 사회에서 어떻게 노동은 우리를 자유롭게 하는가? 그것은 돈을 통해서다. 자급자족이 불가능한 현대의 사회 생활은 지속적인 상품 소비를 통해 유지될 수 있다. 자유로운 상품 소비는 자유로운 생활을 가능하게 한다. 이 상품 소비를 위해 필요한 것이 바로 돈이다. 노동은 돈을 획득할 수 있는 가장 일반적인 방법이다. 대부분의 사람은 임금 노동자로 살면서 노동의 대가로 돈을 받아 소비하며 살아간다. 노동할 수 없다는 것은 돈을 벌지 못한다는 의미며 상품을 소비할 수 없다는 것이다. 이것은 사회 생활의 불가능, 생존의 끝, 즉 죽음을 의미한다. 일하지 않았으니 먹을 수 없고 먹지 않으니 죽어야 한다는 단순한 논리가 사회를 지배한다.

현대의 자유인은 노동을 통해서만 완성되며 그 노동은 돈의 획득과 축적이란 최종 목적을 위해 봉사한다. 노동의 목적은 무한한 돈을 벌기 위한 것이다. 우리는 필요한 만큼만 돈을 벌기 위해 노동하지 않는다. 우리가 그러고 싶어도 그럴 수 없다. 추상적 자본이 끊임없이 이윤 창출을 통한 자기 증식을 요구하기 때문이다. 기업이 유지되려면 쉼 없는 상품 생산과 소비가 필요하다. 소비가 지속되기 위해서는 새로운 소비 욕구가 계속 창출되어야 하고 그 소비 욕구를 충족하기 위해서는 계속 돈을 벌어야 한다. 돈을 벌기 위해서는 상품을 생산하는 끝없는 노동에 뛰어들어야 한다. 그 과정에서 발생하는 이윤은 계속 생산에 재투자되면서 자본을 살찌운다. 결국 우리는 자신을 위해서가 아니라 자본을 위해, 돈을 위해 노동한다.

현대의 자유인은 결국 자본의 자기 증식을 위해 노동해야만 하는 노예다. 고대 노예의 노동이 자유인을 위해 봉사하는 활동이었다면, 현대 자유인의 노동은 돈을 위해 봉사하는 활동이라는 차이가 있을 뿐이다. 16세기의 캘빈교도들이 신의 노예를 자처하며 노동을 신성한 활동으로 이해했다면, 현대의 자유인들은 돈의 무한 증식 메커니즘에 자신을 내던지며 기꺼이 돈을 위해 노동을 한다. "일하지 않으면 먹지도 말라."라는 자본주의의 금언을 앵무새처럼 읊조리며 언젠가는 노동이 자신을 자유롭게 해주리라는 환상에 갇혀서 말이다.

–

더 벌기 위해 일하는가?

 

 

 살다 보면 많은 미디어를 통해 우리 사회가 자랑하는 성공한 사람들의 이야기를 자주 접할 수 있다. 이야기를 듣다 보면 그들이 하루에 일하는 양에 놀라게 된다. 새벽에 일어나 다시 새벽이 될 때까지 거의 하루 20시간 가까이 일하는 그들의 모습은 경이롭기까지 하다. 왜 그렇게 일을 많이 하냐는 질문에 그들은 성공하고 싶어서, 성취하는 기쁨에, 돈 버는 재미로 힘든 줄도 모르고 일한다고 답한다.

 많이 일하고 많이 생산하는 것은 현대 사회 어디에서나 환영받고 칭찬 받는 행위다. 자신의 시간과 힘을 일에 쏟는 희생에 대해 자본주의 사회에서는 돈으로 보상하고, 사회주의 사회에서는 노동 영웅 칭호를 부여해 보상한다. 더 많이 일해서 기술을 발전시키고 생산력을 증가하는 것은 지난 수백 년 동안 이 사회가 지향해온 것이기 때문에 너무나 당연한 것으로 여겨진다. 게으름뱅이, 하는 일 없이 노는 자는 주위의 손가락질을 받아 마땅한 사람이다. 우리는 이와는 다른 방식의 삶이 있을 수 있다는 것을 상상조차 하지 못한다.

하지만 다른 방식의 삶은 충분히 가능하다. 프랑스 인류학자 클라스트르에 따르면 호주나 남아메리카 등 지구 곳곳에서 발견되는 원주민 부족들은 우리와 다른 방식의 삶을 살고 있었다.[17] 원주민들은 아주 조금 일하고 거의 모든 시간을 놀며 지내는데도 아주 건강하고 행복하게 살았다. 남아메리카에 사는 투피과라니부족은 4~6년마다 경작지를 바꿔가며 농사를 지었다. 이 부족의 남자들은 4~6년에 한 번씩 새 경작지를 개간하는데 두 달 정도 열심히 일할 뿐이었다. 4년 동안 두 달을 일하고 나머지 시간은 일이라기보다는 여가 활동에 가까운 사냥, 낚시 등을 하거나 놀며 보냈다. 베네주엘라 아마존 지역에 사는 야노마미 원주민들의 하루 평균 노동 시간은 3시간이었다.

돌이나 나무로 만든 농기구를 이용해 일하는 원주민들에게 훨씬 생산성이 높은 금속제 농기구를 제공하면 어떻게 될까? 금속제 농기구를 이용한다면 같은 시간에 열 배나 많은 양을 생산할 수 있다. 원주민들은 이 놀라운 농기구를 아주 반갑게 받아들였다. 농기구를 준 백인들은 생각했다. '이제야 생산량이 많아지겠군.' 하지만 놀랍게도 원주민들은 생산량을 열 배로 늘리는 대신 노동 시간을 열 배로 줄였다. 훨씬 적은 시간 동안 전과 같은 양을 생산하고 남는 시간은 노는 것을 선택한 것이다.

원주민들은 먹고사는 데 필요한 만큼만 일하고 시간 대부분

17　클라스트르, 『국가에 대항하는 사회』, 홍성흡 옮김, 이학사, 2005.

을 삶을 즐기는 데 사용하며 살아갔다. 노동은 삶의 수단일 뿐이다. 원주민들은 불필요한 노동을 거부함으로써 삶의 수단인 노동이 삶의 본질을 훼손하는 것을 막는 지혜를 갖고 있었다. 불필요한 초과 노동과 초과 생산을 거부한 원주민들의 삶은 자연과 조화를 이룬 행복한 삶이 된다. 그들의 삶은 우리가 보기에는 매우 게으르고 한심하다. 좋은 기술을 개발해 더 많이 일하고 더 많이 생산하면 더 부유해질 터인데 말이다.

원주민 사회를 발견한 백인들은 도저히 이해할 수 없는 이 게으름을 참고 볼 수 없었다. 그래서 원주민들이 강제로 일을 하게 만들었다. 더 잘 사는 사회로 만들어주겠다고 하면서. 원주민들의 평화롭고 풍요로웠던 여가의 삶은 끝이 났다. 그들은 이제 백인이 만든 공장과 농장에서 자신들의 삶과 전혀 관계가 없는 상품들을 만들며 일하는 데 대부분의 시간을 보내야만 했고 그렇게 일하다 죽어 갔다. 백인들은 생존의 논리를 원주민들에게 강요했다. 그렇게 함으로써 그들은 원주민들의 여유로운 삶을 치열한 생존으로 바꿔버렸다. 백인들이 오기 전까지는 삶을 즐기던 원주민들이 이제는 죽지 않기 위해 몸부림치다 죽어야 하는 비참한 운명을 맞아야 했던 것이다.

이런 게으름에 대한 증오는 자본주의 사회에서 아주 일상적으로 발견된다. 자본주의가 본격적으로 자리를 잡기 시작한 초기의 기업가들에게 있어서 노동자들의 게으름은 반드시 해결해야 할 시급한 문제였다. 농민에서 막 공장의 임금 노동자로 전환된 사람들은 기업주가 정해 준 시간대로 규칙적으로 일하려 하지 않았다. 그들은 자신들이 충분한 돈을 벌었다고 생각하면 공장을 나오지 않고 술을 마시거나 놀다가 돈이 떨어지면 다시 공장에 나왔다. 이것은 꾸준한 노동을 바탕으로 상품을 생산해 이윤을 창출해야 하는 자본가들에게는 아주 큰 골칫거리였다.

남아메리카의 원주민들처럼 초기 자본주의 사회의 노동자들도 자신에게 적절한 삶의 수준에 대한 판단 기준이 있었고 그 수준에 도달할 만큼의 돈을 벌게 되면 더는 힘들게 노동해서 돈을 벌려 하지 않았던 것이다. 그들은 더 많은 노동으로 돈을 더 버는 것보다는 노동을 중지하고 자유를 즐기는 것에 더 큰 가치를 뒀다.

노동자들의 게으름을 타파하기 위해 자본가들은 여러 가지 수단을 강구해야만 했다. 임금을 많이 주면 오히려 노동을 더 적게 했기 때문에 최저 생계비 수준의 임금을 지급함으로써 노동자들이 계속 일을 할 수밖에 없도록 했다. 또한 노동자들의 생활 습관 자체를 임금 노동에 맞게 길들이기 위해 각종 장치를 마련했다. 잠 깨우는 사람들을 고용해 아침마다 노동자들의 집 문을 두드리고 다니게 했고 출근, 휴식, 식사, 퇴근 시간에 맞춰 사이렌을 울림으로써 노동자들이 정해진 시간에 맞춰 노동하도록 강제했다. 지각이나 무단 결근에 대해서는 임금을 깎거나 벌금을 물리는 방식으로 처벌을 가했다. 독일 같은 경우에는 공장주가 자기 회사의 노동자들을 처벌할 수 있는 권리를 부여 받기까지 했다.

유순하고 불평 없이 일하는 노동자들을 갖기 위해 어린이들을 고용해 일을 시켰다. 후에 아동 노동이 사회적인 비판을 받게 되자 아동 교육을 강조함으로써 유순한 노동자로 아동을 육성하기 위해 노력했다. 의무 교육이 된 초등학교 교육은 어린이들이 노동자로서의 품성을 갖도록 조직되었다. 학교에서는 수업의 시작과 끝을 알리는 종소리에 아이들이 반응함으로써 규칙적인 시간을 엄수하는 습관을 기르도록 했다. 또 수업 시간에 정해진 자리에 앉아 조용히 수업을 듣도록 함으로써 몸과 정신을 통제할 수 있는 힘을 기르도록 했다. 학교 생활 중의 실수나 잘못 등에 대해서는 가차 없는 처벌을 가함으로써 정해진 규칙과 규율에 복종하도록 만들었다. 산술이나 글 읽기 등 노동에 필요한 기능적 지식을 전수하는 것은 오히려 학교 교육의 부차적 기능이라고 할 수 있을 정도였다.

오늘날 학교 교육은 유순한 노동자들을 육성하는 기능을 넘어서서 경쟁하는 유능한 노동자를 만드는 기능을 하고 있다. 정치 권력과 자본의 독려 아래 노동자 부모들이 앞장서서 자신의 자녀들이 경쟁하는 것을 즐길 수밖에 없도록 아이들을 훈육하는 데 여념이 없다. 아이들이 태어나면 남보다 더 빨리 걸어야 하고 더 빨리 말해야 하고 더 빨리 글을 읽어야 만족하는 사람들은 그것이 아이의 행복한 삶을 위해 필요하기 때문이라 변명한다. 학교에 들어간 아이는 남보다 더 좋은 성적을 얻기 위해 더 많이 공부해야 하고, 더 좋은 직장을 얻기 위해 더 많이 노력해야 한다. 직장에 들어간 아이는 남보다 더 많이 벌기 위해 더 많이 일해야 한다. 퇴직한 후에도 남보다 더 잘 사는 모습을 보이기 위해 더 많이 돌아다녀야 한다. 그러다 죽는다.

유순한 학생이었던 아이는 유순한 노동자가 되었다가 결국은 유순한 소비자로 죽음을 맞이한다. 죽음까지도 경쟁하면서 말이다. 원주민들을 죽음으로 내몬 생존의 논리는 사실 현대 자본주의 사회를 사는 우리가 뼛속 깊이 새기고 있는 생활의 규범이다. 그 규범은 지금 순간에도 여전히 우리를, 우리의 아이들을 죽음으로 내몰고 있다. 각종 미디어가 내보내는 성공했다는 사람들의 번쩍거리는 영상들로 죽음의 어두운 그림자를 숨기면서 말이다.

–

마시멜로 먹기

『마시멜로 이야기』라는 책이 있다. 한국에서 제법 인기가 좋은 책이다. 『마시멜로 이야기』는 1960년대 미국 심리학자 월터 미쉘의 유명한 실험에 바탕을 두고 있다. 네 살 아이들 눈앞에 마시멜로 한 개를 놓아두고 15분을 기다리면 두 개를 먹을 수 있다고 말한 후 지켜보았다. 어떤 아이들은 15분을 기다렸다 두 개를 먹었지만, 참지 못하고 마시멜로를 먹은 아이들도 있었다. 나중에 이들의 학업과 사회 성공 정도를 측정했더니 15분을 기다렸다 먹은 아이들이 그렇지 않은 아이들보다 성적이 더 좋고 사회적으로 더 큰 성공을 거뒀다. 여기에서 나온 것이 바로 현재의 작은 보상을 참을 수 있는 자제력을 가진 사람이 후에 더 큰 보상을 얻어 성공한다는 이른바 '지연된 만족' 개념이다.

　이 실험이 미국이나 한국과 같은 적자생존의 무한 경쟁 논리가 지배하는 사회에서 어떻게 이용되었는지는 대충 상상이 될 것이다. 우선 성공하는 사람은 자제력과 같이 성공을 위한 품성을 타고나야 한다는 생각, 그리고 운이 없어 그런 품성을 타고 나지 않았더라도 뼈를 깎는 노력을 해서 후천적이나마 그런 품성을 갖도록 노력해야 한다는 생각이 옳은 것으로 자리 잡는다. 『마시멜로 이야기』는 후자를 설파하는 책이다. 선천적으로 자제력을 갖고 있든, 후천적으로 가지려 노력하는 근성을 갖든 어느 쪽이든 모두 기본적으로 사람의 개인적 품성이 문제다. 이것은 사회적 성공은 개인의 능력 문제라는 오래된 이데올로기를 강화하는 데 기여한다.

하지만 이 실험은 사회적 성공의 원인과 관련된 아주 중요한 질문에 대한 대답을 얻을 수 있는 방식으로 설계되지 않았다는 문제를 갖고 있다. 바로 "무엇이 아이들을 마시멜로 앞에서 기다리도록 혹은 기다리지 못하도록 만들었나?"라는 질문에 대한 답변을 이 실험은 제공하지 못한다.

이 중요한 질문에 답하기 위한 보완적 실험이 여럿 있었다. 그중에 가장 흥미로운 것은 아이들과 실험자의 관계에 관한 실험이다. 아이들을 두 집단으로 나눈 후 한 집단의 아이들에게는 실험자가 믿을 만한 사람이란 생각을 갖게 하고, 다른 집단에는 믿을 만한 사람이 아니라는 생각을 갖도록 만들었다. 실험자가 약속을 지키는 것과 지키지 않는 모습을 각각 보여준 것이다. 그후에 동일한 마시멜로 실험을 했을 경우, 실험자를 신뢰한 집단의 아이들은 마시멜로를 먹지 않고 끝까지 기다렸지만, 실험자를 신뢰하지 않은 집단의 아이들은 기다리지 않고 마시멜로를 먹었다.

이것은 '지연적 만족'을 추구하는 능력이란 것이 아이들이 어떤 환경에 처해 있느냐에 따라 다르게 나타난다는 것을 보여준다. 약속이 지켜지지 않는 환경에서 자란 아이들, 인간관계의 신뢰성이 약한 환경에서 자란 아이들일수록 '지연된 만족'을 위해 마시멜로를 먹지 않고 기다릴 확률이 적다는 이야기다. 이것을 사회적 성공과 연결하면 약속이 지켜지고 사람들을 믿을 수 있는 환경에서 자란 사람들이 사회적으로 성공할 확률이 더 높다는 이야기가 된다.

이를 기반으로 최초의 마시멜로 실험을 이렇게도 재해석할 수 있다. 생전 처음 보는 실험자의 말을 듣고 마시멜로를 바로 먹지 않고 기다린 아이들은 권위에 쉽게 복종하고 잘 따르는 아이들이거나 혹은 인간관계가 좋은 환경에서 자라 타인에 대한 믿음이 형성된 아이들이다. 전자의 아이들은 부모 말을 잘 듣는 유형이니 시키는 대로 공부해서 순탄하게 성공적인 사회 생활을 할 확률이 높다. 후자의 아이들은 정서적으로 안정되고 긍정적인 정서를 갖기 때문에 역시 원만한 인간관계를 바탕으로 성공적인 사회 생활을 할 확률이 높다. 결국 성장 환경이 좋은 곳에서 자란 아이들은 그렇지 못한 아이들보다 '지연된 만족'을 추구하는 경향이 높고 구김 없는 대인관계 속에서 성공할 확률이 높은 것이다.

이 실험을 확대 해석하면 왜 한국인들이 참을성 없이 당장의 이익을 위해 악다구니를 쓰는가도 설명된다. 한 번도 약속이

지켜지는 사회에서 살아본 경험이 없으니 당연히 정부나 기업의 말을 듣고 당장은 참으면서 미래의 더 큰 이익을 추구하려 할리가 없는 것이다. 한국 사회에서 당장의 이익을 추구하지 않는 사람은 바보일 뿐이다.

사회적 성공은 개인의 자질에 달린 것이 아니다. 좋은 사회적 환경이 성공하는 사람을 만든다. 성공은 개인의 문제가 아니라 구조의 문제인 것이다. 사람들이 성공적인 삶-성공적인 삶이란 단지 경제적으로 풍요로운 삶만을 의미하는 것은 아니다-을 살 수 있게 하고자 한다면 사회적 환경을 바꿔야 한다.

『마시멜로 이야기』처럼 "네가 자제력이 없으니까 실패하지. 자제력을 길러서 당장의 유혹을 참고 미래의 더 큰 결실을 위해 노력하면 성공할 거야."라고 말하는 것은 기만 행위다. 그런 것은 부려 먹기 쉬운 고분고분한 노동자를 만들 뿐이다.

–

*인생은 한 번뿐이다*

  한 고등학생이 수능 시험을 치르는 대신에 세계 일주를 떠나 화제가 된 적이 있다. 많은 사람이 그의 행동을 용기 있고 멋있는 행동이라고 말했지만, 또 다른 사람들은 수능을 치르고 대학을 간 뒤에도 얼마든지 세계 일주를 할 수 있는데 굳이 수능 대신에 세계 일주를 선택한 것은 이해할 수 없는 행동이라고 했다. 당신의 생각은 어떤가?

  욜로YOLO란 말이 유행이다. 욜로는 '인생은 한 번뿐이다You only live once.'라는 영어 문장의 축약어다. 2010년대에 들어서 유행하기 시작한 이 표현은 오바마 전 미국 대통령이 홍보 영상에서 사용해 화제가 되기도 했다. 우리나라에서는 한 예능 프로그램에서 소개되면서 본격적으로 알려지기 시작했다. 『인터넷 시사상식사전』 등에서는 욜로를 미래나 남을 위해 희생하지 않고 현재의 나를 위해 아낌없이 소비하는 라이프스타일이라고 소개하고 있다. 발 빠른 기업에서는 욜로족을 위한 상품들을 출시해 적극적인 마케팅을 하고 있다는 뉴스도 심심찮게 볼 수 있다. 다른 한편에서는 욜로를 "노세 노세 젊어서 노세"로 이해하면 곤란하다면서 욜로를 즐기려다 골로 갈 수 있으니 조심해야 한다는 우려 섞인 조언을 하기도 한다. 하지만 기본적으로 가진 돈의 한도 내에서 소비를 즐기는 것은 바람직한 일로 이해되기에 우리 사회에서는 욜로를 소비 문화의 한 형태로 환원하고 있으며, 정도의 차이가 있을 뿐 현재의 나를 위해 소비하는 행위를 긍정적으로 바라본다. 한 번 사는 인생이니 미래를 생각하지 말고 아낌없이 소비하라. 이것이 자본주의 사회가 주입하고자 하는 욜로의 모토다.

하지만 진정한 욜로는 그런 소비지상주의의 정확히 반대 지점에 서 있다. 사실 욜로가 의미하는 바는 사회가 우리에게 제시하고 있는 이미 정해진 길을 벗어나 완전히 다른 길을 걸어보라는 것이다. 우리는 초등학교를 졸업하면 당연히 중고등학교와 대학교를 가고, 학교를 졸업하면 당연히 취업해야 하고, 취업하면 당연히 결혼하고 아기를 낳아야 한다고 생각한다. 왜 그것이 당연한가? 그것이 당연한 삶인가? 그것은 사는 것이 아니라 단지 생존하는 것에 불과하지 않은가? 이런 의문이 바로 욜로의 출발이고 바탕이다. 우리의 인생은 사회가 배분해 놓은 시간과 공간을 충실히 따르는 일로 점철되어 있다. 우리는 정해진 시간에 일어나 정해진 시간에 일을 하고 주어진 시간 동안에만 논다. 그러면서 우리는 온순한 노동자, 수동적 소비자로 길들여진다. 욜로는 이런 인생에 의문을 제기하고 그렇게 정해진 길을 기계처럼 따르는 것을 거부하고자 하는 움직임이다. 욜로는 현재의 소비를 즐기라는 뜻이 아니라 새로운 미래를 위해 현재의 상황을 구축하라는 말이다.

욜로를 외치는 사람들은 대부분 N포 세대인 청년들이다. 그들은 인생 대부분을 자본주의 사회의 온순한 노동자가 되기 위해 훈육을 받아 왔지만, 막상 노동자가 되어야 할 시점에도 여전히 내가 남들보다 더 온순한 노동자라는 것을 치열하게 경쟁하면서 증명해야만 살아남을 수 있는 운명에 내몰려 있다. 사회는 그렇게 해야만 생존할 수 있다고 다그친다. 그들은 이처럼 생존만을 강요하는 세상에 넌더리를 친다. 그들은 지겨움으로 죽어가고 있으며 그들의 넌더리는 폭발하기 직전이다. 그들의 분노가 폭발하기 전에 사회는 그들의 관심을 어떻게 해서는 소비로 돌리려 노력한다. 지겨운가? 아낌없이 쓰면서 현재를 즐겨라. 이렇게 사회는 말한다. 하지만 어찌 보면 그들은 소비할 여력도 충분하지 않은 사람들이다. 그럼에도 자본주의 사회는 그들을 쥐어짠다. 최신폰을 사라, 여행을 가라, 고급 레스토랑을 가라, 그러면 행복해질 것이다.

"왜 이렇게 살아야 하나? 지겨워 죽겠다."라는 외침 앞에서 자본주의 사회는 상품을 소비하는 쾌락을 통해 지겨움에서 벗어날 것을 권유하는 것이다. 그러나 그것은 지겨움으로부터의 일시적 도피일 뿐이다. 지겨움에서 근원적으로 벗어나기 위해서는 정해진 생존의 길을 버리고 진정으로 삶을 만끽할 수 있는 길을 찾아야 한다. 인생은 한 번뿐이니까.

—

## 신자유주의가 낳은 공정이란 괴물

마이클 센델은 『공정하다는 착각』에서 능력을 기준으로 승자와 패자를 나누는 능력주의가 지배적인 이념이 될 때 불평등의 구조가 고착되는 정의롭지 못한 사회가 만들어질 수 있다고 말한다.[18] 공정함은 현재 한국인이, 특히 청년 세대가 가장 중요하게 여기는 가치로 알려져 있다. 2019년 한국 사회를 떠들썩하게 하고 극심한 진영 대립을 만들어냈던 이른바 '조국 사태'가 발생했을 때, 그 사건을 가로지르는 핵심 어휘는 '공정'이었다. 이때 공정은 누구나 개인적인 능력이나 노력에 상응하는 결과를 얻어야 하며, 능력이나 노력이 없음에도 좋은 결과를 얻는 것은 옳지 않다는 의미로 이해된다. 능력과 노력에 합당한 결과를 얻어야 한다고 말하면서 실제로는 능력과 노력에 무관하게 좋은 결과를 얻는 것을 사람들은 위선이라고 비난한다.

돌이켜 보면 과거에도 공정은 중요한 가치였던 것 같다. 그런데 과거에 생각하던 공정은 지금 말하는 공정과는 내용이 조금 달랐다. 과거의 공정은 불우하거나 불리한 처지에 있는 사

18  센델, 『공정하다는 착각』, 함규진 옮김, 와이즈베리, 2020.

람들이 그 불리함을 어느 정도 상쇄할 만한 혜택을 더 받는 것이었다. 평소에 배부르게 잘 먹는 사람보다는 그렇지 못한 사람에게 음식을 조금 더 나눠주는 것이 공정한 일이었다. 이미 가진 자가 약자를 챙기지 않고 더 많이 가지려는 것은 탐욕으로 이해되며 분노를 발생시켰다.

공정의 내용이 달라진 지금, 공정하지 않음에 대한 분노는 이제 다른 이유로 발생한다. 이미 가진 자라 하더라도 능력이 있고 충분히 노력한다면 그 대가로 더 많이 갖는 것은 전혀 문제가 되지 않으며 오히려 본받아야 할 모범적 일로 칭송 받는다. 아무리 약자라도 노력이나 능력 없이 어떤 대가를 받는 것은 공정하지 않은 일이 된다. 분노는 사람이 노력하지 않고 능력도 없는데 더 가지려 할 때 일어난다. 센델이 지적한 것처럼 현재 우리 사회에서 공정과 능력주의는 이처럼 떼려야 뗄 수 없이 밀접히 연결되어 있다.

왜 공정이 능력주의라는 관점에서 이해되기 시작한 것일까? 근본적으로는 신자유주의 체제가 일반화된 결과다. 신자유주의의 핵심 가치는 경쟁이다. 신자유주의는 시장 안에서 개인이 자유롭고 공정하게 경쟁할 수 있게 국가가 개입해야 한다고 주장한다. 경쟁에서 승리하기 위해 개인은 자신의 가치를 높여야만 한다. 태어나고 교육을 받고 결혼하고 취업하고 다시 애를 낳아서 기르는 모든 인간 행위가 경제적인 투자와 비용의 활동으로 이해된다. 내가 교육을 받는 것은 나 자신에게 투자하는 행위다. 교육을 통해서 스펙을 쌓게 되면 경쟁에서 유리한 위치를 차지하기에 더 좋은 직업을 갖게 되고 더 나은 이익을 얻을 수 있다고 믿는다. 모든 인간 활동은 결국 더 많은 돈을 벌고 경쟁에서 승리하기 위한 경제적 활동이 된다.

내가 하는 모든 활동은 나에 대한 투자고 나에 대해 어떻게 투자하느냐에 따라 그 수익이 결정된다고 보는 것이 신자유주의의 논리다. 신자유주의 체제에서 인간은 하나의 자본이다. 나는 태어나면서부터 나 자신을 하나의 자본으로 가지게 된다. 돈을 굴리고 돈에 투자해서 더 많은 이익을 얻는 것이 자본을 불리는 방식이듯이 나는 자신이라는 인간 자본에 투자해야 한다. 자기 자신을 어떻게 투자하고 관리하고 경영하느냐가 개인이 사회에서 생존하기 위한 핵심 활동이 된다.

신자유주의 체제가 원하는 인간은 바로 호모 에코노미쿠스다. 호모 에코노미쿠스는 자기의 행동을 최대한 합리화하고 최대 이익을 추구하는 경제적 인간이라는 뜻이다. 모든 개인은 자기라는 자본을 투자하고 관리하고 경영하는 기업가, 호모 에코노미쿠스다. 신자유주의 체제에서 생존하기 위해 우리는 태어나면서부터 스펙을 쌓아야 한다. 좋은 분유를 먹고 유명한 산후조리원에서 관리 받고 하루빨리 걷고 영어를 배우는 것이 바로 나에 대한 투자다. 나는 타인과의 경쟁에서 이기기 위해서 스펙을 쌓고 자신을 경영한다.

나는 자기를 경영하는 기업가로서 자유로운 선택과 판단을 통해서 투자하고 소비하기 때문에 그러한 선택과 판단으로부터 발생한 위험에 대한 책임도 스스로 져야 한다고 생각한다. 취업하지 못한 것은 내가 스펙 관리를 안 했기 때문이다. 좋은 사람과 결혼하지 못한 것은 내가 자신을 관리하지 못했기 때문이다. 내가 하는 모든 행동의 결과를 결국 내가 책임져야 한다. 국가는 개인에게 자유를 줄 뿐 개인의 문제를 책임져주지 않는다. 국가는 거시적인 틀 안에서 출생률, 실업률, 이혼률, 사망률 같은 것들을 관리한다. 내가 질병에 걸리면 내 책임이다. 내가 관리를 안 했으니까 질병에 걸리는 것이다. 신자유주의 체제에서 살아남으려면 개인은 자기 자신을 관리할 수밖에 없다.

자기라는 자본을 잘 관리하지 못하면 생존하기 어렵기에 개인은 자신을 경영하는 데 장애가 되고 그 자본의 가치만큼 인정 받는 데 방해가 되는 모든 것에 대해 분노한다. 동등한 조건의 경쟁을 통하지 않고 이뤄지는 입학이나 취업은 불공정한 행위로 분노의 대상이 된다. 아침 9시가 출근 시간인데 8시 50분까지 회사에 오라는 지시는 부당한 행위로 비난 받는다. 퇴근 이후에 회식을 강요하는 것은 용납하기 어려운 일로 여겨진다. 데이트할 때 밥값을 누가 얼마만큼 내는지, 결혼할 때 비용을 어떻게 나누는지는 이제 철저히 계산해 판단하는 경제적 행위가 된다. 모든 사회 관계, 인간관계가 자본의 교환으로 이해되는 것이다.

신자유주의는 모든 것을 개인의 자유와 책임의 문제로 돌리면서 급진적 개인주의를 조장한다. 급진적 개인주의는 과거에 집단의 압력에 의해 관행적으로 이뤄지던 불합리한 일들을 개선하는 긍정적 결과를 낳기도 한다. 동성애와 같은 성 소수자의 행위는 개인의 자유로운 선택으로 인정되고 그것을 비난하는 것은 타인의 자유를 부당하게 침해하는 일이 된다. 지위가 높고 권력이 더 많다는 이유로 정당한 대가를 지급하지 않고 사람들을 부려 먹는 것은 '갑질'이라는 불공정한 일이기에 퇴출해야 할 것이 된다.

　하지만 급진적 개인주의는 사회적으로 부정적 영향을 더 많이 끼친다. 신자유주의 체제에서는 사회의 모든 문제가 결국 개인에게 귀속되기 때문에 경쟁하며 살아가든, 경쟁을 피해 탈출하든 모든 것이 개인적인 방식으로 해결되어야만 한다. 우리는 욜로족이 되든, 파이어족이 되든, 자연인이 되든 오직 개인적인 방식으로만 탈출을 꿈꾼다. 신자유주의가 강요하는 경쟁을 받아들이든, 거부하든 결국 개인의 선택에 의한 개인의 행복이라는 가치만이 판단의 기준이 된다.

　신자유주의 체제가 조장하는 급진적 개인주의에 휩쓸린 사람들은 개인을 넘어서는 공동체를 상상하지 못한다. 사람들이 공동체를 상상하는 것은 단지 그 공동체가 다른 공동체와 경쟁할 때뿐이다. 올림픽이나 월드컵에서 국가 대항전이 벌어질 때나 내가 속한 공동체의 이익을 다른 공동체가 침해한다고 느껴질 때, 사람들은 공동체를 상상하면서 다른 공동체를 공격한다. 이런 공동체는 다른 공동체를 파괴하고자 하는 경쟁의 공동체이기 때문에 엄밀한 의미에서의 공동체가 아니다.

  공정하지 못함, 불공정에 대한 분노를 표출하는 청년들이 어느 때보다 많지만, 그러한 분노는 개인적인 방식으로만 나타난다. 고작해야 남성에 대립하는 여성, 지방을 무시하는 서울, 외국인을 증오하는 한국인 등과 같이 경쟁하는 적대적 공동체만을 상상하면서 경쟁의 논리에서 한 걸음도 벗어나지 못한다. 모든 선택은 내 자유이지만, 결과에 대한 책임은 내가 져야 한다는 신자유주의의 명령이 만들어낸 근원적인 불안에서 벗어나기 위해 우리는 이기적 공동체를 상상하고 저주할 공동체를 만들어 선택과 책임의 원인을 그들에게 전가하고자 한다. 하지만 그렇게 상상된 공동체가 신자유주의 체제 안에서 경쟁하는 개인의 확장판일 뿐이라는 점에서 우리는 이 체제가 만들어낸 불안과 분노에서 해방되지 못한다.

  공동체는 보편적인 공동의 것을 구상할 때 만들어진다. 나와 타인이 공유할 수 있는 공동의 가치를 생각해내고 추구할 때 공동체가 작동한다. 모두가 공유할 수 있는 공동의 것을 찾고자 하는 노력이 없다면 불안에서 벗어나기는 어려울 것이다.

-

*삶이냐, 생존이냐?*

 

우리는 왜 태어났는지 모른다. 어느 날 문득 정신이 들어보니 우리는 숨을 쉬며 이 세상을 살아가고 있었다. 생명은 그냥 그렇게 우리에게 주어졌다. 생명이 있는 모든 것은 언젠가 생명을 잃는다. 생명을 선택하지는 않았지만, 생명이 있는 동안 어떻게 살아갈 것인지를 선택하는 것은 이제 온전히 우리의 몫이다.

살아가는 방식을 크게 나누면 두 가지가 있다. 삶의 방식과 생존의 방식이다. 삶의 방식이란 주어진 생명을 만끽하며 사는 것이다. 기쁨, 즐거움, 행복, 쾌락뿐 아니라 슬픔, 고통, 불행까지도 그 자체로 받아들이고 온몸으로 느끼며 사는 것이다. 내가 하는 일이 내 욕구를 배반하지 않도록 사는 것이다. 내게 생명을 준 자연과 부모를 존중하고 그들과 조화를 이루고 사는 것이다. 그것은 생명을 존중하는 것이다.

생존의 방식은 글자 그대로 살아남기 위해 사는 것이다. 살아남는다는 것은 항상 적대적인 타자와의 대립과 싸움을 내포한다. 내 생명을 위협하는 적대적 존재들에 맞서 그들을 이겨야만 나는 살아남을 수 있는 것이다. 내 모든 감정과 행동은 살아남는 일에 집중된다. 감정은 생존을 위해 통제되고 행동은 생존을 위해 재조직된다. 자기 계발, 인간관계 형성, 자연과의 교류 등이 모두 생존을 위한 수단일 뿐이다. 적보다 우위에 서고 적보다 더 많은 것을 가질 때 비로소 생존이 보장되기 때문에 타자와의 모든 관계는 계산적이고 파괴적이 된다.

삶의 방식을 택한 사람은 자신을 존중하고 나를 둘러싼 사람들과 자연을 모두 아우른 타자를 존중한다. 내 욕구에 귀 기울이고 타인의 감정을 이해하고 타자의 처지에서 생각한다. 중요한 것은 살아남는 것이 아니라 생명을 만끽하는 것이기 때문에 남을 이기는 것은 전혀 중요하지 않다. 남들과 함께 즐겁게 마시멜로를 나눠 먹는 것이 나중에 더 많은 마시멜로를 혼자서만 먹을 가능성을 갖는 것보다 행복한 일이다.

생존의 방식을 선택한 사람은 살아남아야 한다는 강박관념이 주는 스트레스로 죽어간다. 왜 사는지에 대해서는 전혀 생각하지 않은 채 그저 남보다 더 많이 벌고 더 빨리 성공하고 더 높은 지위에 오르기만을 바란다. 더 나은 미래를 위해서 현재 누릴 수 있는 삶의 기쁨은 포기해야 한다고 생각한다. 하지만 그에게 미래는 없다. 오직 포기해야 할 현재만이 있을 뿐이다. 생존은 항상 미래를 위해 현재를 포기하는 것이다. 하지만 생존의 미래는 죽음일 뿐이기 때문에 생존에는 사실상 미래가 없다.

사람들은 마시멜로 두 개를 얻기 위해 당장 마시멜로 한 개를 먹지 않고 참은 아이를 칭찬한다. 그런데 마시멜로 한 개를 당장 먹지 않고 마시멜로 두 개를 먹기 위해 15분을 참은 아이는 마시멜로 네 개를 먹을 생각으로 다시 30분을 참을 것이다. 그리고 결국 마시멜로 수천 개를 먹게 될 것이라는 생각에 평생을 참을 것이다. 마침내 그가 죽을 때 그는 마시멜로의 맛을 보기는커녕 그동안 모아 온 마시멜로 수천 개를 만져 보지도 못할 것이다. 그는 무엇을 위해 산 것인가?

당신의 꿈은 무엇입니까? 당신은 앞으로 무엇이 되고 싶습니까? 이런 질문을 받고는 "나는 부자가 되고 싶습니다."라고 답하는 사람이 많다. 부자가 되는 것, 돈을 많이 버는 것, 성공하는 것이 꿈인 사람이 많다. 안타깝게도 부자가 되는 것, 성공하는 것에는 끝이 없다. 얼마나 돈을 벌어야 부자라고 할 수 있는가? 얼마나 성공해야 성공했다고 할 수 있는가? 결국 부자가 되고 싶은 사람, 성공하고 싶은 사람은 평생을 부자가 되기 위해, 성공하기 위해 몸부림치다 죽는다. 끊임없이 저 멀리 있는 미래만을 위해 달리다 죽음을 맞이하는 것이다. 이것은 생존일 뿐이다. 그저 부자가 되기 위해, 성공하기 위해 살아남으려다 결국 죽는 것일 뿐이다.

행복하게도 이 땅에 사는 우리는 삶과 생존 사이에서 선택할 수 있다. 하지만 불행하게도 이 세상의 다른 많은 사람은 그 선택의 가능성마저 박탈 당한 채 생존만을 강요 받고 있다. 생존의 광기에 사로잡힌 자들이 일으킨 전쟁의 포화 속에서 고통 받는 사람들을 생각해보라. 생존의 논리가 지배하는 시장에서 살아남지 못한 사람들은 절망에 빠져서 자살하거나 무기력한 노숙자로 전락해 자신의 소중한 생명을 방기하고 만다.

삶을 되찾고자 한다면 생존을 부르짖는 사람들의 억압에서 벗어나야 한다. 타인의 눈으로 자신의 감정과 욕구를 재단하는 것을 거부해야 한다. 남보다 더 많이 먹는지, 더 적게 먹는지를 생각하지 말라. 중요한 것은 자신이 무엇을 먹는지를 아는 것이다. 내가 어떤 것을 먹을 때 그것이 내 입맛에 맞는지가 중요하다. 남보다 더 많이 먹는지, 더 적게 먹는지는 전혀 고려의 대상이 될 필요가 없다.

우리는 왜 태어났는지 모른다. 우리가 생명을 선택한 것도 아니다. 우리가 아는 것은 우리가 언젠가 죽을 것이란 사실뿐이다. 하이데거의 말대로 인간은 "죽음을 향한 존재"다. 우리가 죽는다는 것을 알기 때문에 역설적으로 우리의 삶은 모든 가능성을 향해 열려 있는 풍요로운 것이 될 수 있다. 죽음을 직시함으로써 우리는 무엇을 위해 살 것인지, 어떻게 살 것인지를 선택할 수 있게 되기 때문이다. 죽음은 인간의 본질이며 삶의 요소다. 언젠가는 죽는다는 것을 억지로 망각하면서 돈이나 성공에 집착함으로써 생존에 매달리는 것은 결국 인간의 본질을 잊는 것이며 삶을 회피하는 것이다. 그것은 사실 그저 좀 더 많은 것을 얻으려 몸부림치다 죽는 것에 불과하다. 일생을 생존에 급급하다가 죽음을 맞는 것이다. 죽음을 직시하며 존재의 본질을 성찰하면 우리는 선택할 힘을 갖게 된다. 당신이 원하는 것은 삶인가, 생존인가?

## 저자 후기

우리는 생존 사회에서 살고 있다. 이 사회를 살아가는 방법은 사람들마다 다르다. 어떤 이들은 이 사회에 적응하고 더 잘 살아남기 위한 온갖 기술과 기법과 장치를 배우고 습득하려고 혈안이 된다. 그들은 늘 1분 1초가 아깝다고 말한다. 또 어떤 이들은 아주 쉽게 경쟁에서 탈락해서 모든 것을 포기한 채 주어진 것들을 적당히 해내며 살아간다. 그들은 자신의 무능력과 게으름, 사회의 불평등한 구조들을 저주하느라 여념이 없다.

다른 이들은 생존 경쟁의 싸움판에서 스스로 물러나 다른 삶의 터전을 가꾼다. 그들은 생명, 환경, 인권 등의 추상적 개념들을 구체적 삶 속에서 실천하는 방안을 마련 중이다. 또 다른 이들은 생존 사회를 만들고 있는 제도와 구조들을 고치고 부수기 위해 노력한다. 그들은 성명서를 발표하고 거리로 나가 시위하느라 바쁘다.

생존 사회에 사는 사람들은 모두 이 사회에 문제가 많다고 생각한다. 물론 문제에 대한 진단과 처방은 각각 다르다. 어떤 이들은 이 사회가 사람들이 더 잘 생존할 수 있게 도와주는 제도나 장치들을 마련하지 못하는 것이 문제라고 생각한다. 그들은 기업 활동은 물론 교육, 의료, 공공 서비스 등 사회 전 분야에 경쟁 제도를 도입함으로써 사람들이 적자생존의 능력을 일찍부터 기르도록 해야 한다고 주장한다. 또 어떤 이들은 학연, 지연, 혈연, 종교연 등 각종 연줄이 생존 경쟁에서 일부 사람들만을 유리하게 만들고 다른 사람들은 부당한 방식으로 탈락시키는 것이 문제라고 생각한다. 그들은 이 문제를 해결하는 것은 불가능하며 좋은 연줄을 찾아 자기 것으로 만드는 능력을 기르는 것이 중요하다고 주장한다.

다른 이들은 물욕과 이기심으로 가득 찬 사람들의 아귀 다툼이 사회를 황폐화하는 것이 문제라고 생각한다. 그들은 사람들이 욕심을 버리고 남을 배려하고 양보하면 사회가 아름다워질 것이라고 주장한다. 또 다른 이들은 사람들이 생존을 위해 자신의 능력 외에는 다른 것을 기대할 수 없도록 만드는 사회 체계가 문제라고 생각한다. 그들은 국가가 적극적으로 개입해 사회적 약자들을 보호할 필요가 있다고 주장한다.

사회과학은 기본적으로 사회 문제들을 발견하고 문제에 대한 해결책을 제시하려 노력해왔다. 그런데 사회과학 내에서도 관점에 따라 문제에 대한 인식과 처방은 다르게 나타난다. 크게 보면 사회과학 내에서는 문제의 원인을 개인에게서 찾으려는 관점과 사회 구조에서 찾으려는 관점이 존재한다. 개인의 심리적 속성이나 태도 등이 원인이 되어 특별한 사회제도나 구조를 만들어낸다고 생각하는 관점과 사회 구조가 원인이 되어 특별한 개인적 심리 상태나 태도를 만들어낸다고 생각하는 관점이 서로 대립한다. 생존 사회가 갖는 문제에 대한 사회과학적 접근도 사실은 이 두 가지 관점에 의해 지배된다. 두 관점 중 어느 하나가 다른 하나를 압도하지 못하고 지금까지 팽팽하게 맞서 온 것을 보면 문제의 원인을 어느 하나의 관점에서만 찾으려는 시도 자체가 문제일 수도 있다.

우리 사회가 생존 사회, 그것도 사회 구성원 누구도 만족하지 못하는, 악화되는 생존 사회가 된 원인을 개인에게서 찾을 것인가, 사회 구조 등의 외부 환경에서 찾을 것인가? 이 질문에 대해 명확하게 답변하기는 어렵다. 어떤 의미에서는 개인적 요인과 사회적 요인이 서로 물고 물리면서 문제를 악화하는 악순환의 과정에 있다고 보는 것이 더 옳을지도 모르겠다. 따라서 문제에 대한 해결 방법도 개인적 차원과 사회적 차원에서 동시에 행해지는 것이 바람직할 것이다.

그런데 사실 나는 우리가 더 큰 관심을 기울여야 하는 질문은 위와 같은 질문이 아니라고 생각한다. 우리는 오히려 위의 질문보다는 더 심각하고 근원적 부분을 건드리는 질문에 답하려 노력하는 것이 더 좋겠다. 그 질문은 바로 생존 사회가 그 자체로 존재할 만한 가치가 있는가, 아니면 반드시 극복해야 할 유형의 사회인가를 묻는 것이다. 이 질문은 생존 사회 속에서 내가 차지하는 위치, 생존 사회에 임하는 내 태도와 가치관, 그리고 내가 선택할 수 있는 가능한 행동들에 이르는, 생존 사회와 나 사이의 관계에 대한 모든 것을 보여주도록 만드는 질문이다. 이 책에서 나는 바로 이 질문에 답하려 노력했다. 나는 개인적 경험과 학술적 담론을 바탕으로 논의를 전개하면서 삶을 진정으로 풍요롭게 하기 위해서 생존 사회는 극복되어야만 하는 것이라고 평가했다.

생존 사회와 그것이 강요하는 논리에 길들여진 사람들에게 내 이런 생각은 기껏해야 개인적 해탈이나 편안한 삶을 꿈꾸는 또 다른 형태의 명상록이거나 혹은 한껏 비하하자면 사회의 패배자들이 자신을 위안하는 소리에 불과할 것이다. 하지만 나는 마치 도시 사람이 잠깐 주말 농장을 찾듯이 단지 치열한 경쟁에서 잠시 멀어져 여유를 찾자고 주장하는 것이 아니다. 생존의 논리가 만들어낸 부산물인 패배자란 용어 자체에 어떤 긍정적인 의미를 부여하고자 하지도 않는다.

나는 삶, 죽음, 시간과 같은 문제를 천착하면서 인간과 사회의 본질에 더 가까이 접근할 수 있는 길을 찾아보자고 주장하는 것이다. 이것은 어떻게 보면 아주 심각하거나 골치 아픈 것이 아니다. 일상생활에서 웃고 즐기면서 삶에 접근하는 과정에서 자연스럽게 발견할 수 있는 것이다. 그저 단순히 잠시 자신의 방에 누워 쉬는 시간을 갖는 것, 그래서 시간 자체를 잊어버릴 시간을 갖는 것만으로도 충분할 것이다. 하지만 생존 사회는 그 간단한 일마저도 아주 어려운 일로 만들어버린다.

**생존 사회**

초판 1쇄 발행  2022년 7월 11일

지은이       주형일

편집         김유정
디자인       문유진

펴낸이       김유정
펴낸곳       yeondoo
등록         2017년 5월 22일 제300-2017-69호
주소         서울시 종로구 부암동 208-13
팩스         02-6338-7580
메일         11lily@daum.net

ISBN        979-11-91840-30-8  03300